DÉFORESTATION ET REBOISEMENT

DANS

LA RÉGION PYRÉNÉENNE

PAR

Axel LOZE

DOCTEUR EN DROIT

LIBRAIRIE
DE LA SOCIÉTÉ DU
RECUEIL SIREY
22, Rue Soufflot, PARIS
L. LAROSE & L. TENIN, Directeurs
1910

DÉFORESTATION ET REBOISEMENT

DANS

LA RÉGION PYRÉNÉENNE

DÉFORESTATION ET REBOISEMENT

DANS

LA RÉGION PYRÉNÉENNE

PAR

Axel LOZE

DOCTEUR EN DROIT

——— ✦ ———

LIBRAIRIE

DE LA SOCIÉTÉ DU

RECUEIL SIREY

22, Rue Soufflot, PARIS-5ᵉ

L. LAROSE & L. TENIN, Directeurs

1910

A MON PÈRE, A MA MÈRE

DÉFORESTATION ET REBOISEMENT

DANS

LA RÉGION PYRÉNÉENNE

INTRODUCTION

Qui ne s'occupe aujourd'hui de la forêt? Qui ne s'y intéresse? Je ne parle pas des forestiers qui, eux, la connaissent, la protègent, l'améliorent et, à l'occasion l'arrondissent sans bruit. Mais les journaux, les revues périodiques, nombre de Sociétés et d'Associations, les unes techniques, parmi lesquelles, la Société forestière de Franche-Comté et de Belfort occupe une place d'honneur, d'autres, d'intérêt plus général, telles que le Touring-Club de France, qui trouve ici un champ d'action nouveau pour son initiative avisée et son activité inlassable, chacun dit son mot qui rencontre dans le grand public un écho sympathique.

Il est de bon ton de nos jours d'aimer l'arbre, de s'intéresser à la forêt. Il n'est pas jusqu'au Parlement qui n'accueille, avec une faveur de circonstance, toute déclaration touchant à la conservation, voire même à la restauration des forêts. Quelques-uns de ses membres se sont constitué une sorte d'apanage dans la question forestière et il ne se passe pas de législature qui ne voie surgir quelque nouveau projet.

Sollicité par cette ambiance, encouragé par mes maîtres de la Faculté de droit et, en particulier, par mon regretté professeur d'Économie rurale M. Bourguin, sans doute aussi par une pointe d'atavisme, j'ai cherché à m'éclairer sur un sujet qui paraît intéresser, à un si haut degré, mes contemporains, tout en le localisant dans la région qui m'est la plus familière.

Les données, que j'ai pu recueillir, font précisément l'objet de ce mémoire.

PREMIÈRE PARTIE

CONSIDÉRATIONS GÉNÉRALES

CHAPITRE PREMIER

Position de la question

I

DÉFINITIONS

Déforestation est l'expression la plus générale de
l'action qui consiste à dépouiller le sol de son armature de végétaux ligneux ou même arbustifs, puisque
ces derniers préparent la voie aux essences d'ordre
supérieur. L'Arabe, qui incendie la forêt ou sa dé-
pendance, fait de la déforestation intensive. Le berger qui fait dévorer journellement les jeunes pousses du taillis récemment exploité en fait aussi à sa
manière.

C'est, en somme, la destruction barbare de la forêt ; en quoi elle se distingue du *défrichement* qui emporte avec lui quelque idée de travail et de civilisation. Les moines du Moyen Age, qui extirpaient les bois au profit de l'agriculture, faisaient œuvre de défrichement et de progrès. Défriche, également, l'agriculteur qui après avoir coupé son bois, sur le penchant d'une colline abrupte, arrache les souches et laboure, œuvre néfaste de son inconscience : Question de discernement et de mesure.

Déforestation et défrichement amènent le *déboisement.*

II

PRÉCISIONS SUR CETTE ÉTUDE

On a beaucoup écrit sur le déboisement.

En limitant notre étude à une région restreinte nous nous sommes interdit de rechercher, dans les données de l'histoire, ses progrès à travers le monde et ses funestes conséquences.

En revanche nous entrerons dans quelques détails sur ses causes locales ; elles sont multiples.

Nous verrons la déforestation pyrénéenne progresser à travers les âges, et les catastrophes, trop souvent renouvelées, nous montreront les terribles conséquences de cette imprévoyance, tant au point de vue physique qu'au point de vue économique.

Enfin, aujourd'hui et de plus en plus, on veut lutter contre la déforestation, on veut même régénérer la forêt. Nous rechercherons quelle part l'État a prise à cette lutte, quels résultats il a obtenus. Ceci nous conduira naturellement à conclure dans quel sens son action pourrait, s'il y a lieu, s'exercer plus utilement.

III

LE RÔLE DE LA FORÊT

Les divers bienfaits d'un judicieux équilibre dans la distribution des bois et des autres cultures ne s traduisent pas tous de façon également palpable. L'action de la forêt sur l'état hygrométrique et sur la température de l'air, sur les courants atmosphériques, sur la distribution des pluies, son influence hygiénique échappent au plus grand nombre. C'est qu' « il « en est des forêts, sous le rapport de leur utilité « climatologique, comme de l'eau des mers sous le « rapport de la couleur. Cette eau n'est bleue que « quand on la considère dans son ensemble. Qu'on « la mette dans un verre, elle devient incolore (1). » C'est vraisemblablement pourquoi le rôle des forêts à ces divers points de vue n'a été apprécié générale-

1. Tassy. Ancien inspecteur général des forêts. *État des forêts en France.*

ment que lorsqu'une imprévoyance fatale a con-
sommé leur ruine.

Il n'en est pas de même de leur rôle au point de
vue de l'infiltration et du ruissellement des eaux de
pluie. En cette matière on peut expérimenter et on
n'y a pas manqué.

Des études scientifiques poursuivies en Allemagne
et en France durant un grand nombre d'années, ont
permis de doser la capacité rétentionnelle, vis-à-vis
des eaux de pluie, de la couverture végétale, qui s'ac-
cumule sur les sols forestiers. Elle varie, le simple
bon sens l'indique et les données de l'expérience le
confirment, non seulement avec l'épaisseur et le tassement de cette couverture, mais aussi avec la nature
des essences qui l'ont fournie, de deux à huit fois son
propre poids. Ce qui revient à dire, que, dans tel
cas moyen, relevé par M. Henry, professeur à l'École
Nationale des Eaux et Forêts, une couverture de feuilles d'épicéa d'une épaisseur moyenne de 2 centimètres
est capable de retenir une hauteur de pluie de 10 millimètres. En sorte que « les massifs d'épicéa, rete-
nant et évaporant, sur leur cime, la moitié environ
de l'eau pluviale, il faudrait une tranche d'eau de
21 millimètres pour que le sol commence à s'humec-
ter sous la couverture (1).

1. Expérience rapportée dans un article de M. Paul Buffault, inséré
dans la *Revue des Eaux et Forêts* des 1ᵉʳ et 15 janvier 1909.

Cette action régulatrice est confirmée par des observations nombreuses, en divers pays. La notice, dans laquelle nous avons puisé la citation qui précède, en cite un certain nombre qu'il serait trop long de reproduire ici.

Nous préférons emprunter à l'économie forestière de M. Hüffel le résultat des recherches conduites, dans la vallée de l'Emmenthal, par la Station centrale Suisse de recherches forestières, sur le débit de deux cours d'eau comprenant une superficie l'un de 18 %, de bois, l'autre de 91 % : « 1° Lors du maximum des crues, le thalweg de la région déboisée laisse écouler 30 à 50 % plus d'eau, par unité de surface, que la région boisée ; 2° Après la période de sécheresse prolongée, les sources de la région déboisée ont complètement tari, tandis que l'émission de la vallée boisée donne encore 5 litres d'eau par seconde (1). »

Est-il nécessaire de confirmer ces données par les nombreuses constatations de l'action du déboisement sur le débit des cours d'eau, rapportées par Dralet dans sa *Description des Pyrénées*, publiée en 1813.

Il a étudié la région dans toute son étendue ; ce qu'il constate, il l'a vu de ses yeux, et ses précisions donnent à son récit une autorité indiscutable.

Passant en revue la plupart des cours d'eau qui

1. Hüffel, professeur des sciences forestières à l'École nationale des Eaux et Forêts. *Economie forestière*.

descendent des Pyrénées, de la Tet à l'Adour, il constate qu'ils ont cessé d'être flottables, comme ils l'é-
taient autrefois, depuis le déboisement de leurs
bassins supérieurs. Le témoignage formel de cet
administrateur érudit et des plus compétents ne vaut-
il pas les expérimentations les plus minutieuses ?

Enfin, nous ne saurions mieux faire, pour résumer
le rôle de la forêt vis-à-vis du ruissellement des eaux,
que de reproduire ici les paroles mêmes de M. Audiffred, extraites de son discours prononcé au Sénat
le 3 mars 1910 (1): « La forêt, dit-il, reçoit par ses
« feuilles, par ses branches, l'eau de pluie, dont une
« partie, n'arrivant pas au sol, se vaporise. D'autre
« part, l'eau qui tombe sur le sol trouve, dans ce
« qu'on appelle la couverture formée avec les débris
« de feuilles, avec l'humus, dont la forêt favorise la
« création, une sorte d'éponge, qui absorbe une par-
« tie de l'eau et qui favorise l'évaporation d'une
« autre partie.

« La forêt exerce encore une action par ses racines.
« Si l'on songe que certains chênes enfoncent des
« racines jusqu'à quatorze mètres, que les plus petites
« radicelles s'infiltrent dans les roches crétacées ou
« granitiques et s'y frayent un passage, on comprend
« que, lorsque l'eau tombe sur une forêt, elle pénè-
« tre par ces fissures multiples, au plus profond du

---

1. *Journal Officiel* du 4 mars 1910.

« sol, y crée les sources et ne s'écoule pas rapide-
« ment vers le thalweg des rivières. Enfin la forêt
« agit encore par chacun de ses sujets comme une
« espèce d'appareil évaporatoire.

« Les arbres absorbent une certaine quantité d'eau
« et la rendent comme par une sorte de transpira-
« tion. »

Les matériaux qui exhaussent sans cesse le lit des
fleuves et les font divaguer par-dessus leurs rives,
seront aussi arrêtés par la forêt. Au printemps, enfin,
son œuvre protectrice empêchera la fonte subite des
neiges, et ainsi se manifestera son action régulatrice.

La forêt est donc un facteur important du régime
des cours d'eau, mais il n'est pas le seul, tant s'en
faut. La configuration et la nature du sol, d'une part,
le régime météorologique, d'autre part, entrent également en ligne de compte.

Il existe une telle connexité entre ces trois facteurs
que nous ne saurions nous dispenser de dire quelques mots de ces derniers avant d'aborder celui qui
fait le sujet principal de cette étude.

CHAPITRE II

Étude physique de la région

I

CONFIGURATION

Un vaste soulèvement de 400 kilomètres se développant dans la partie limitrophe de la France et de l'Espagne, sensiblement orienté de l'ouest à l'est, dont le versant atteint, vers son milieu, environ 40 kilomètres de largeur, en projection, dans le sens perpendiculaire à la crête : ainsi se présente, en topographie, la chaîne des Pyrénées. Elle atteint vers son centre des hauteurs de 3.000 à 3.400 mètres et décroît progressivement, de part et d'autre, pour s'effacer dans la mer au cap de Creus et se continuer, avec des hauteurs de 1.000 mètres et au-dessous le long de la côte ibérique.

Le versant français, celui qui nous intéresse, est coupé de vallées profondes, bordées de versants généralement abrupts à la base, qui se terminent par des arêtes et des pics ardus dans le centre de la chaîne, tandis qu'ils s'étalent quelquefois en vastes plateaux diversement orientés, dans la zone moyenne.

L'opinion est généralement admise que la chaîne pyrénéenne atteignit à sa formation des hauteurs à peu près doubles de celles que nous lui voyons aujourd'hui. En sorte que son relief actuel serait le résultat d'un puissant décapage, par des phénomènes glaciaires et diluviens, dont rien ne saurait nous donner une idée, dans la période actuelle.

II

APERÇU GÉOLOGIQUE

Tel qu'il se présente actuellement, le relief pyrénéen est formé, dans la haute chaîne, par une longue bande de terrains de transition, avec quelques affleurements de granit et de gneiss, disséminés dans la partie centrale et auxquels ils cèdent presque complètement la place dans la section orientale, du cours de la Garonne au cap de Creus. Ces granits sont généralement fissurés. Les terrains de transition sont, dans leur ensemble, constitués par des roches compactes, accidentellement par des roches schisteuses susceptibles de se déliter superficiellement en feuillets sous l'influence des agents atmosphériques.

En avant de ces formations, règne d'un bout à l'autre de la chaîne une zone de largeur variable de terrains jurassiques et crétacés inférieurs : les premiers, vers le centre, entre la Garonne et le Salat, les autres en avant et en prolongement et de part et d'autre de ceux-ci. Ces terrains de nature calcaire, souvent fendillés et quelquefois excavés, sont généralement très résistants à l'action des agents atmosphériques.

A peine est-il besoin de signaler, pour compléter cet aperçu géologique, une bande longue et étroite de crétacé supérieur, qui flanque la région montagneuse proprement dite, de Martres-Tolosane aux hautes collines enveloppées par la boucle de l'Aude au midi de Carcassonne. C'est dans cette section que ce terrain développe son plus vaste épanouissement.

Telles sont les formations dont l'enchevêtrement constitue la région montagneuse proprement dite. Elles sont, on le voit, de nature généralement ferme et ne se désagrègent que par délitement lent sous l'action des agents atmosphériques.

C'est une ossature relativement très résistante à l'action érosive des eaux de ruissellement.

Il n'en est pas de même des alluvionnements qui, au cours de la période quaternaire, se formèrent le long de la plupart des thalwegs, ou s'épanouirent en vastes plateaux en avant du débouché des vallées principales des Pyrénées Centrales. De ces vastes dépôts glaciaires, il ne reste que des lambeaux dans diverses vallées. C'est sur ces lambeaux terminés souvent en plateaux plus ou moins vastes que s'exercent la plupart des érosions actuelles. Elles attaquent aussi des atterrissements postérieurs, déposés en masses épaisses dans certaines anfractuosités, ou, sous forme de cônes de déjections, au débouché d'anciens torrents éteints.

Au pied et en avant de la chaîne, s'étale l'immense dépôt miocène qui règne de l'Adour jusqu'au delà de la vallée de l'Hérault, en partie recouvert, dans la section occidentale, de dépôts pliocènes et, sur les rives occidentales des vallées pyrénéennes principales, d'alluvions fluviales déposées en terrasses.

Ces terrains, connus dans la région sous le nom de terre-fort, sont découpés, dans l'ensemble, d'une multitude de vallonnements à profils transversaux souvent assez aigus. Sur ces pentes de nature compacte, l'eau de pluie ruisselle le plus souvent sans s'infiltrer. Les sources y sont rares et peu abondantes.

Le sous-sol des alluvionnements que nous avons signalés est de même nature ; la superficie, au contraire, argilo-siliceuse, se laisse plus facilement pénétrer par les eaux ; mais comme elle est généralement peu profonde, ses facultés d'absorption sont très limitées. Dans certains cas, néanmoins, elle est suffisante pour donner naissance à des sources qui viennent sourdre au pied des terrasses.

III

MÉTÉOROLOGIE SOMMAIRE

Les 4/5 du versant septentrional des Pyrénées déversent leurs eaux vers l'Océan; 1/5 dans la Méditerranée. Si les deux bassins ne se différencient, au point de vue géologique, que par une prédominance de terrains granitiques, dans la partie montagneuse de ce dernier, ils sont beaucoup plus dissemblables au point de vue météorologique.

Le premier est sous l'influence dominante des vents d'ouest, qui, toutefois, vont décroissant en fréquence de l'Océan vers la montagne. Tandis que, dans les Basses et les Hautes-Pyrénées, l'ensemble des trois rumbs, S.-W., W., et N.-W. représentent à peu près les 2/3 du nombre total des observations de vents, à Toulouse il n'en donne plus que la moitié, tandis que le vent du sud-est (vent d'autan) atteint à peu près 1/4.

En résumé, dans toute la région située au nord des Pyrénées et dans le bassin océanien, le déplacement de l'air a lieu surtout de l'ouest à l'est (1).

Ces courants chargés de vapeur d'eau gravissent

1. E. Marchand et L.-A. Fabre. *Les érosions torrentielles et sub-aériennes sur les plateaux des Hautes-Pyrénées.*

progressivement le relief du bassin et viennent se heurter au vaste écran de la chaîne pyrénéenne. Qui dit élévation, dit détente, refroidissement et précipitation sous forme de pluie de la vapeur d'eau entraînée de la mer.

Les vents d'ouest étant fréquents, les pluies le sont aussi, en général au grand profit de la végétation. Cette fréquence va croissant du thalweg des vallées vers la montagne et, sauf exception imputable à quelque particularité de relief, avec l'altitude.

L'intensité des pluies, très variable, dépasse quelquefois 10 millimètres à l'heure. Pour peu que le phénomène s'étende et se prolonge, c'est l'érosion et quelquefois l'inondation. Nous aurons l'occasion d'y revenir.

Tout différent est le climat général de la région méditerranéenne. Si on en excepte le haut bassin de l'Aude, dont les affinités avec le régime météorologique du reste de la chaîne se révèlent par la distribution des essences forestières, le Roussillon et les régions des Albères et des Corbières s'en distinguent par un régime plus chaud et plus sec. Malheureusement, si les pluies y sont beaucoup plus rares, elles y sont tout aussi violentes. Dans les bassins de l'Agly, de la Tet et du Tech, les chutes d'eau de plus de 100 litres par mètre carré en vingt-quatre heures ne sont pas trop rares. On en signale de 8 et 9 millimètres en une heure en dehors même de la région

des hautes montagnes et on cite une chute de 115 millimètres en une heure et demie, à l'observatoire de
Perpignan, le 18 octobre 1876 ; toutes constatations qui,
étant donné le régime général de la région, dénotent
un climat beaucoup plus excessif que celui de l'ensemble de la région pyrénéenne (1).

Après cet aperçu sommaire de l'état physique des
Pyrénées, nous aborderons l'historique de la déforestation dans la région.

1. P. de Boixo. *Notice sur les inondations et le déboisement en Roussillon.* (Perpignan 1892. Charles Latrobe.)

DEUXIÈME PARTIE

LA DÉFORESTATION DANS LES PYRÉNÉES
SES CAUSES — SES PROGRÈS
SES CONSÉQUENCES

CHAPITRE PREMIER
Déforestation rétrospective

I

ÉTAT SOCIAL DES POPULATIONS PYRÉNÉENNES

Avant d'examiner les diverses étapes de la déforestation dans les Pyrénées, il est indispensable de jeter un coup d'œil sur l'état social de leurs populations. Cet état social présente des caractères particuliers, une organisation spéciale, et, au point de vue qui nous occupe, il a une importance prépondérante.

Les populations établies dans les Pyrénées, à la suite des invasions des barbares, formèrent, dès le début, une multitude de groupements distincts. Ces groupements occupèrent les vallons de la haute montagne et conservèrent longtemps l'organisation des peuplades primitives. Ils occupaient le thalweg de la vallée. Autour se développaient progressivement les prairies et les champs cultivés. Plus haut s'étendait la forêt et, au-dessus de la forêt, d'immenses pâturages attiraient durant la belle saison d'innombrables troupeaux.

Chaque communauté formait un groupe séparé, maître chez soi et vivant de ses propres ressources. Il restait ainsi à l'écart des modifications sociales du reste du monde.

Non seulement ces groupements étaient indépendants les uns des autres, mais il existait entre eux des différences ethniques très caractérisées. Ces différences étaient tellement accentuées qu'elles ont subsisté jusqu'à la fin du XIXᵉ siècle.

Sans parler des Basques, des Béarnais, des Gascons, des Catalans et autres Roussillonnais dont les types, le costume et le langage sont encore aujourd'hui bien caractéristiques, on trouve ces mêmes différences au sein des Pyrénées et dans des vallées contiguës.

C'est ainsi que, pour ne parler que du bassin du Salat, les habitants de la vallée de Balaguère se distinguent nettement, par leur stature, des populations de la vallée voisine de Bellongue, de même que les habitants de la vallée de Bethmale, par leur physionomie fine et leur teint plutôt blond, ne ressemblent en rien à la population brune et plus trapue de la vallée de Biros. La plupart de ces groupements ont d'ailleurs conservé encore leur costume original.

Tous ces montagnards cependant avaient les mêmes habitudes. La plupart exerçaient sur les forêts et les pâturages d'un même bassin une jouissance collective. Ces jouissances collectives se sont maintenues dans la haute montagne et prolongées jusqu'à nos jours, par suite des exigences de la dépaissance, alors que, de bonne heure, elles disparaissaient dans la région sous-pyrénéenne.

Une exploitation abusive et une incurie complète vis-à-vis du bien commun ont été leur conséquence immédiate.

Un pareil régime ne pouvait être que funeste à la forêt, et il ne faut pas chercher ailleurs la cause principale de la déforestation pyrénéenne.

II

LE PASTORAT ET L'AGRICULTURE PREMIÈRES CAUSES DE LA DÉFORESTATION

Si on songe à la violence et à la durée des guerres dont la Gaule fut le théâtre, on pourrait leur attribuer une large part dans le déboisement actuel de notre sol. Il n'en est rien. Il paraît en effet à peu près certain, que, peu de temps après ces guerres des premiers siècles de notre histoire, la végétation forestière avait repris une grande partie du terrain qui avait pu lui être enlevé. Et cela s'explique : la guerre avec les fléaux qu'elle traînait à sa suite, la peste et la famine, occasionnait d'épouvantables mortalités parmi les hommes et dépeuplait les campagnes. Les terres abandonnées par la culture étaient de nouveau envahies par les bois.

Ce n'est donc pas la guerre qui a été la cause principale de l'appauvrissement dont le sol forestier souffre aujourd'hui ; c'est la civilisation avec les besoins qu'elle a créés et les appétits qu'elle a développés. Le jour où les hommes franchirent le premier degré de civilisation, lorsqu'ils connurent l'art de domestiquer les animaux, ils devinrent pasteurs et dès lors ennemis déclarés de la forêt. On dut créer des pâturages et ce progrès eut pour conséquence forcée et immédiate le déboisement.

Le pasteur, qui habite la montagne, ne s'est jamais préoccupé de la conservation des bois ; leur abondance était telle qu'il n'entrevit jamais la perspective de manquer un jour de cet élément si nécessaire au chauffage, à la construction des habitations, à la fabrication des outils agricoles, etc... Les bergers ont toujours cherché à étendre les pâturages aux dépens des forêts sous lesquelles l'herbe, rare et crue, laisse peu de nourriture aux troupeaux. Abattre les bois, les extirper est un travail long et pénible, on ne peut d'ailleurs s'y livrer sans s'exposer à la rigueur des lois. Il est plus facile et moins dangereux de les brûler. Les bergers trouvaient, d'ailleurs, grand avantage à adopter ce moyen de destruction, car l'herbe croît activement sur les terrains où le feu a passé. C'est ainsi que, en montagne, les forêts primitives furent sacrifiées à l'avidité du pasteur.

A un second degré de civilisation l'agriculture entre en jeu. Dès lors, les seuls espaces cultivés précédemment ne suffirent plus à nourrir une population toujours croissante et à satisfaire des besoins toujours plus divers. Il fallut conquérir à la culture de nouveaux terrains et naturellement on s'adressa à la forêt. Dans la montagne on déforestait par l'incendie, dans la plaine on défrichait en abattant et extirpant les arbres. Chaque progrès de l'agriculture fut marqué d'un recul du sol boisé au point que de nos jours, les bois n'occupent guère, dans l'ensemble de notre région, que des sols impropres à toute autre culture.

III

LA FÉODALITÉ ET LES DROITS D'USAGE

Tant que la forêt resta la propriété des communautés, chacun y prenait à son gré les produits dont il avait besoin, y envoyant paître tout bétail et même incendiant et défrichant les cantons qu'il voulait mettre en pâturages et parfois en culture.

On pourrait croire que le régime féodal allait modifier ces errements. Il n'en fut rien, tout au contraire.

Les seigneurs, devenus maîtres des montagnes, cherchèrent à y attirer des populations, qui, en transformant les bois, alors sans valeur, en pâturage ou culture, allaient accroître les revenus de leur domaine.

Dans ce but, ils avaient en échange de quelques droits seigneuriaux, de quelques redevances, à peu près abandonné tout contrôle sur leurs forêts. Les chartes, octroyées par eux aux communes, ne modifièrent en rien la situation. Elles ne firent que constater l'état de choses existant et consacrer, comme droits d'usage, les habitudes antérieures et les vieilles libertés dont jouissaient les habitants.

Les droits d'usage, conférés aux montagnards, furent ainsi, dans notre région, excessivement étendus.

De très nombreuses chartes en témoignent formellement. Qu'il nous suffise d'en citer quelques-unes.

Les forêts de la vallée de Vicdessos, dans les Pyrénées Centrales, qui dépendaient autrefois du Consulat de ce nom, étaient grevées de droits d'usage à peu près illimités. Ces droits sont consignés dans la charte de 1332 donnée par Gaston Phœbus, comte de Foix, qui reproduit textuellement, en les confirmant et les étendant, les chartes concédées par Roger Bernard, son aïeul, en 1272 et 1293.

Aux termes de cette charte de 1332, écrite en latin, il est accordé aux habitants de la vallée de Vicdessos « plein pouvoir de pêcher, de se baigner, « de puiser de l'eau, de faire des charbons et de « faire paître leurs troupeaux dans les bois, forêts, « pâturages, montagnes et dépendances du Consulat « de Vicdessos, d'en user et jouir et d'exercer tout « autre usage nécessaire. Il leur est permis en outre, « d'exploiter librement et sans aucune redevance les « mines de fer du Rancié autant que les minerais « seront soumis à certaines conditions d'exploita- « tion et d'emploi. » Ces droits ont été successive- ment confirmés et renouvelés par les rois de France et consacrés par le jugement de réformation du 29 avril 1670.

Dans tout le Comté de Foix, d'ailleurs, la situation était à peu près la même. « Les habitants avaient « leurs droits d'usage non seulement dans le Con- « sulat, mais encore dans tout le Comté, l'accès des « pâturages à toute espèce d'animaux, en toute fran- « chise, sans qu'on eût à payer le forestage, c'est-à- « dire une redevance quelconque. Les usagers avaient « la faculté d'abattre les arbres pour leur chauf- « fage, leurs constructions et leurs besoins journa- « liers. Ce n'était pas pour eux une faveur nouvelle « qu'on leur concédait, mais un droit ancien que

« l'on consacrait à nouveau en le rappelant (1). »

L'intendant d'Etigny écrivait le 16 septembre 1758 :
« Les habitants de la vallée d'Ustou, dans le Cou-
« zerans, m'ont produit leurs titres et trois consul-
« tations d'avocats, qui établissent leurs droits sur
« les forêts en question. En effet, on voit que par
« les transactions rapportées, ces habitants sont
« réellement copropriétaires de toutes les forêts de
« la vallée, qu'outre les usages qui leur ont été con-
« cédés de toute ancienneté par le pacage de leurs
« bestiaux, coupes de bois et leurs édifices, ils ont
« le droit de vendre les coupes de ces forêts, d'af-
« fermer les pâturages et d'agir dans ces bois, aux
« charges convenues, comme maîtres et proprié-
« taires (2). »

En 1319, le comte de Bigorre, Charles le Bel, consacrait les anciennes coutumes de Barèges en recon-
naissant aux habitants de la vallée « le droit de pacage
« tant pour leur bétail que pour celui qu'il leur plai-
« rait d'y introduire, de couper, de vendre des bois,
« d'engager, d'affermer, de chasser, de pêcher, de
« jouir de toutes ces choses en général et de chacune
« en particulier et en faire à leur volonté (3) ».

1. *Coutumes de Foix sous Gaston Phœbus avec le texte roman de 1387*, par F. Pasquier, ancien archiviste de l'Ariège, 1905.

2. *Archives du département du Gers*, série E, registre II.

3. Jean Bourdette. *Annales du Labéda*, t. 2, p. 49.

IV

CONSTATATIONS DE M. DE FROIDOUR (1)

Des citations précédentes il ressort que les habitants jouissaient et usaient en somme de la forêt comme s'ils en eussent été les véritables propriétaires. Naturellement cette libre jouissance eut pour conséquence une déforestation très active.

Aussi, combien est-on loin, déjà au xviie siècle, des immenses richesses forestières, qu'offraient les Pyrénées, quelques siècles auparavant ! En cette matière et à cette époque nous avons des renseignements très intéressants, touchant notre région, dans les lettres et les procès-verbaux de visite de M. de Froidour. A chaque pas nous trouvons dans ces documents la constatation de l'état lamentable des forêts pyrénéennes.

---

1. Sous le titre de Grand Maître enquêteur et général réformateur des Eaux et Forêts au département de la grande maîtrise de Languedoc, M. de Froidour fut chargé par Colbert de faire cesser les abus et les usurpations qui menaçaient d'une ruine prochaine les forêts de la région du sud-ouest.

Sa mission dura sept ans (1666-1673) pendant lesquels il se consacra sans relâche à la visite des lieux, aux soins de l'administration courante et à l'examen des titres de tous les détenteurs de forêts. Ces diverses opérations l'obligèrent à rédiger ou à réunir de très nom-

« Il n'y a aucune forêt, dit-il, qui n'ait été incendiée à diverses reprises par la malice des habitants ou pour faire convertir le bois en prés ou terrains labourables. Tout ce qui s'est trouvé assez bien et assez commodément situé, pour être propre à ces usages, ayant été brûlé et défriché (1). »

« Les hauteurs des montagnes du Castillonnais sont
« occupées par les bois qui appartiennent au Roy,
« dont les communes jouissent sous prétexte d'usage
« et en ont abusé et abusent avec tel excès, qu'il n'y
« a plus que de la broussaille, sauf en ce qui est à l'ex-
« trémité du bois qui est dans le Consulat de Mou-
« lis, où il reste quelque chose d'assez belle fustaye
« de hêtres, ne se trouvant en toutes ces montagnes
« aucune autre nature de bois. Tout le reste est en
« broussailles abrouties (2) et pâturages sans espé-
« rances qu'on puisse les rétablir, le tout estant dans
« une telle ruyne, qu'encore que ce pays soit fort
« abondant en bois, il est tout évident que la disette
« y sera dans quelques années si les mesmes désor-

breux documents encore conservés dans les différentes archives publiques de Toulouse. Une des plus intéressantes est le manuscrit d'une correspondance qu'il adressa à M. de Héricourt, son procureur général, pour l'instruire plus en détail et confidentiellement des difficultés suscitées à la réformation par les manœuvres des habitants des Pyrénées centrales et par la configuration particulière de ces régions.

1. Procès-verbal du 8 mai 1670.

2. Lieu réservé pour les dépaissances et par extension endroit ruiné par le bétail qu'on y envoie paître.

« dres continuent et les habitants du pays demeurent
« d'accord qu'il commence d'y être assez cher (1). »

« Je puis vous dire, par le commerce que j'ai des
« pays qui sont le long de la Garonne et du désor-
« dre et de la désolation dans lesquels sont tombés
« toutes les forestz des montagnes et des plaines qui
« sont à droite et à gauche de cette rivière, que le
« roy ne pouvait rien entreprendre de plus impor-
« tant pour le salut et pour l'avantage des contrées
« qui sont le long de cette rivière, que le soin du
« rétablissement de ces forestz. Si le malheur d'un
« incendie arrivait à Toulouse, je vous assure qu'on
« manquerait de bois pour rétablir cette ville et il
« était temps de conserver le peu qu'il reste. »

Il résulte, des procès-verbaux de cet habile et la-
borieux administrateur, que plus de vingt forêts du
ressort de la maîtrise de Quillan avaient été brûlées
et entièrement défrichées et que de 31.916 arpents de
bois que contenait autrefois le pays de Sault, il ne
s'en trouvait plus que 20.905 dont la moitié était entièrement ruinée. Ces procès-verbaux ne renferment
pas des renseignements aussi positifs sur la diminution du sol forestier dans les autres parties des
Pyrénées, mais en évaluant les effets des incendies
et des extirpations dont parle le Commissaire du

<hr>

1. P. de Castéran. *Lettres écrites par M. de Froidour à M. de Héricourt et à M. de Medon,* publiées avec des notes. Auch. G. Foix, 1899.

Roy dans tous ses rapports, il est permis d'avancer, qu'au moment où il écrivait, la contenance des forêts domaniales avait diminué de moitié dans l'espace d'un siècle (1).

V

INTERVENTION DES INDUSTRIES DE LA RÉGION

Une modification dans l'état économique du pays vint, au XVIIe siècle, donner à la déforestation une impulsion nouvelle dans les Pyrénées. L'industrie, et spécialement celles du fer et des laines si énergiquement encouragées par Colbert, devint un véritable fléau pour les forêts qui restaient encore.

a) *Forges à la Catalane* (2)

L'exploitation des minerais de fer et de cuivre remonte dans les Pyrénées à la plus haute antiquité. Dès 976 on trouve des documents et chartes relatifs

1. Dralet. *Description des Pyrénées.*

2. Les forges de la Catalane tirent leur nom de la province espagnole qui la première en découvrit le mécanisme et le procédé. Elles consistaient en une halle sous laquelle était placé un creuset de près d'un mètre de diamètre adossé contre un des murs de l'enceinte. On mettait dans ce creuset et au-dessus de son ouverture des couches de mine et de charbon de bois où le feu était nourri par le vent que l'on obtenait d'un appareil, qui servait de soufflet (Dralet).

à leur exploitation. Le minerai était transformé dans les forges à la Catalane. Ces forges travaillaient en moyenne sept mois par an ; leur activité était interrompue soit par les glaces, soit par la rareté ou la surabondance des eaux, soit enfin et souvent par le défaut de combustible.

Pour fonctionner régulièrement pendant ce laps de temps, chacune d'elles exigeait 1.575 mètres cubes de charbon fournis par 4.725 stères de bois, nécessitant une forêt de 1.417 hectares aménagée à une exploitation de quinze ans, permettant une coupe annuelle de 94 ha. 50 a. de bois, d'un rendement de 50 stères par hectare. Or les mines de fer étaient très abondantes dans les Pyrénées. La plus importante de notre versant septentrional était celle de Vic de Sos, au pied de la montagne de Rancié. Le Comté de Foix, le Couzerans et le Comminges possédaient aussi beaucoup d'autres mines, autrefois exploitées, mais abandonnées sans doute parce que celles de Vic de Sos avaient paru leur être supérieures en qualité.

Les parties orientales et occidentales de notre versant avaient aussi des mines en pleine exploitation. Les plus considérables étaient celles de Baterre, de Fillols et d'Escarrau, dans le département des Pyrénées-Orientales, celles de Lagrasse et de Ville-Rouge dans le département de l'Aude, et, dans celui des Basses-Pyrénées, les mines d'Echaux, de Peyrenère et Bosmendiète.

Le nombre des forges encore en activité en 1813 était très important. Dralet nous en donne dans un état :

Dans les Pyrénées-Orientales . . . 16 forges
       l'Aude. 16
       l'Ariège 41
       la Haute-Garonne. . . . 1
       les Hautes-Pyrénées. . . 0
       les Basses-Pyrénées . . . 3
          Total . . . . 77 forges

Dralet nous fournit aussi un état des forges dont il ne restait alors que les vestiges mais dont les noms étaient encore connus.

Dans les Pyrénées-Orientales. . . 3 forges
       l'Aude. 5
       l'Ariège 22
       la Haute-Garonne. . . . 2
       les Hautes-Pyrénées. . . 0
       les Basses-Pyrénées . . . 7
          Total . . . . 39 forges

Ces forges à la Catalane étaient-elles trop nombreuses pour l'importance des forêts pyrénéennes? il est probable que non. Bien aménagées les forêts auraient pu suffire à les alimenter, mais on n'avait aucun souci de les exploiter rationnellement.

La forge de fer et de cuivre de Baïgorry consommait annuellement de 12.000 à 14.000 sacs de charbon et 20.000 à 25.000 bûches pour le calcinage. En vertu d'un édit d'Henri IV du 10 octobre 1555, le concessionnaire de la mine qui fournissait le minerai à cette forge avait le droit de prendre sans le payer, dans les montagnes des Aldules, tout le bois dont il avait besoin. « Par l'examen que j'ai fait des lieux, disait en 1750 l'intendant d'Aligre, il m'a paru qu'incessamment les bois manqueraient dans ce canton (1). » Et en 1752 d'Etigny écrivait : « De toutes « les forges qui sont dans la vallée de Baïgorry, il « n'en reste plus qu'une qui fait son unique ressource. « Elle s'appelle Haura. Leurs positions étaient fort « avantageuses autrefois ; le défilé qui conduit à ses « travaux est entouré de montagnes qui jadis étaient « couvertes de bois, mais il n'en reste que quelques « baliveaux.

« Le vallon d'Aldudes, ajoute-t-il, est entouré de « montagnes dont la plus grande partie sont plantées « de bois de hêtre, les plus considérables au midi et « au couchant. Ces forêts sont d'une étendue immense « et dans un bon terrain. Elles ont fourni une quantité

---

1. *Mémoires de l'intendant d'Aligre. Archives des Basses-Pyrénées*, série C, liasse n° 341.

« prodigieuse de bois, tant pour la consommation
« des fabriques de fer et de cuivre que pour l'usage
« des habitants ; mais les coupes ont été si mal diri-
« gées et les plantations si fort négligées, que ces fo-
« rêts qui faisaient la richesse du pays, se trouvent
« ruinées au point que pour alimenter les forges de
« fer, on est obligé de couper du bois dans une forêt
« qui a été exploitée depuis peu et où il ne reste que
« des baliveaux (1). »

C'est surtout à l'est des Pyrénées que nous trouvons la preuve convaincante de ce que nous avançons.
Les ruines d'une multitude de grandes forges à fer
que l'on voit dans diverses vallées depuis la rivière
du Salat jusqu'à la Méditerranée sont les derniers témoins de l'immensité des bois qui couvraient autrefois les montagnes voisines maintenant réduites en
vacants.

b) *L'Industrie des laines.*

En même temps qu'il développait l'industrie du
fer, Colbert favorisait de toutes ses forces la fabrication des draps. En 1667 il achetait, pour 38,753 livres,
770 pièces de drap, les distribuait à la Cour et à la
Ville pour faire connaître les produits des manufac-

1. *Lettre de M. d'Eligny,* du 2 septembre 1752. (*Archives du Gers,*
série C, registre 3, folio 94 et suivants.)

tures, instituant des primes de 10 livres par pièce expédiée du Languedoc dans le Levant. C'est sous son impulsion que se fondèrent les manufactures de draps de Carcassonne, Villeneuvette près Clermont, situées au pied des Pyrénées (1) et les nombreuses manufactures du Béarn, du Comminge, de la Bigorre. En 1698 l'exportation se montait à 3.800 pièces.

De l'Océan à Toulouse les fabriques de lainages de toutes sortes étaient innombrables : témoin le début des lettres patentes du 13 janvier 1750 (2) :

« Louis par la grâce de Dieu Roi de Navarre, à tous ceux que ces présentes lettres verront, salut.

« Étant informé qu'il se fabrique dans les provinces de Béarn et de Bigorre et autres lieux des environs, situés tant dans la généralité de Pau et d'Auch que dans celle de Toulouse, une quantité considérable d'étoffes qui se consomment tant dans le Royaume qu'à l'Étranger... exigeons formellement que la chaîne de toutes les étoffes soit filée à la quenouille et au petit rouet *composée de bonnes laines du pays* tirées à l'étaim et la trame *faite des mêmes laines* cardées mêlées avec des *peignons des dites* laines. »

La conséquence de ce grand développement industriel ne pouvait être que la destruction des forêts

---

1. Rapport sur les manufactures du Languedoc (Procès-verbal de la séance des États du Languedoc du 15 janvier 1695. *Histoire du Languedoc*, Dom Vaissette).

2. *Archives des Hautes-Pyrénées*, série A, liasse 12.

pour alimenter les forges et étendre les pâturages. Amenées par les besoins des manufactures de
draps et lainages à accroître leur troupeaux dans de
grands proportions, les populations montagnardes ne
virent jamais que dans l'extension des surfaces de
parcours et dans le défrichement le moyen de nourrir plus d'animaux (1). La question ne se posa jamais
de savoir si un pâturage restreint, à des tènements
moins vastes mais rationnellement aménagés, n'aurait pas procuré plus de bien-être aux animaux, plus
de bénéfice et de sécurité aux propriétaires.

1. Ce système avait même dans certains pays été poussé si loin
que l'Assemblée Provinciale de la Haute-Guyenne se plaignait des
rimes que l'État accordait au défrichement des bois.

CHAPITRE II

Etat des forêts dans les Pyrénées
au début du XIX· siècle

De ce qui précède, il ressort, en somme, que depuis l'invasion romaine jusqu'à la Révolution de 1789, les Pyrénées furent soumises à une déforestation à peu près continue. Redoublant d'intensité à certaines époques, cette déforestation atteint son maximum au cours du xviie et du xviiie siècle. Une loi, de la Révolution, de 1791, vint mettre le comble à ce désordre. Aussi ne sera-t-il pas surprenant de trouver considérablement diminuées, au commencement du xixe siècle, les superficies boisées de ces montagnes.

« Il ne nous reste, dit Dralet, qu'une très faible
« partie des bois qui couvraient autrefois les Pyré-
« nées, et la plupart de ces bois sont dans des situa-
« tions désavantageuses parce que les montagnards
« ont successivement mis en culture les parties qui
« avoisinent les habitations et brûlé, de préférence,
« celles où ils pouvaient plus facilement conduire
« les troupeaux. »

Au cours du XVIII' siècle, « les communes, dit-il,
« usèrent et abusèrent des forêts domaniales comme
« de leur propre chose. Les officiers des maîtrises ne
« s'en occupaient plus. Elles furent dilapidées par les
« municipalités, pillées par les habitants, broutées
« par les troupeaux, extirpées par les riverains. Il
« est inutile de dire que la Révolution mit le com-
« ble à ces excès et que l'Administration actuelle
« n'a trouvé dans toutes les parties voisines des ha-
« bitations que des bois rabougris à côté de vastes
« terrains nouvellement défrichés. »

« Les forêts des Pyrénées centrales, ajoute-t-il,
« furent abandonnées et livrées au pillage. Quant aux
« parties orientales et occidentales de la chaîne, les
« forêts domaniales y étaient détruites longtemps
« déjà avant cette époque. »

La situation des forêts communales n'était pas
meilleure : « Aucune administration, nous dit encore
« Dralet, n'était chargée de leur régime, sa juridic-
« tion fut abandonnée aux autorités locales qui n'op-
« posèrent aucun frein aux dilapidations des com-
« munes et à la cupidité des particuliers. »

Il est donc particulièrement intéressant d'examiner ce qu'était devenue, au début du XIX' siècle, la
contenance des forêts dans les Pyrénées (1).

1. Renseignements empruntés à la *Description des Pyrénées*, de Dralet. Ch. III, « Bois et forêts », § 2 et suiv.

Il y a lieu à ce sujet de distinguer les forêts impériales des bois communaux et des bois de particuliers.

I

FORÊTS IMPÉRIALES

En 1670, ces forêts se portaient encore à 218.000 arpents de Toulouse (1) soit 124.300 hectares (2).

Elles furent augmentées, par l'effet de la Révolution, des bois provenant du clergé et des émigrés, qui, se portaient à 50.000 hectares. Elles auraient dû par conséquent atteindre une superficie de 174.300 hectares.

Mais les brûlements et défrichements continus dans la 13ᵉ et la 14ᵉ conservation depuis 1670 jusqu'à la fin de la Révolution se portaient à. . 40.000 ha.

En supposant, avec Dralet, qu'ils ne se soient étendus dans la 12ᵉ conservation qu'à. . . . . 11.300 ha.

Ils forment un total de . . . . . 51.300 ha.

1. Arpent de Toulouse : 0 ha. 56 a. 90 ca. 34 d'après les *Tables de comparaison des mesures anciennes et nouvelles*, in-8°, an X, déposées aux Archives de la préfecture de la Haute-Garonne.

2. C'est ce qui résulte de différentes pièces authentiques, notamment d'un règlement de la réformation du 8 mai 1670, et des états arrêtés au Conseil d'État en 1673, 1674, et 1675,

Ce qui réduirait le sol des forêts impériales des Pyrénées vers 1810 à . . . . 123.000 ha.

Cependant les états de l'Administration les portaient alors :

Dans la 12ᵉ conservation à. . . . . 34.550 ha.

— 13ᵉ — à. . . . . 71.071 ha.

— 14ᵉ — à. . . . . 23.819 ha.

Total 129.440 ha.

Mais il faut en distraire les vides.

Pour pouvoir établir une comparaison avec l'état antérieur il faut retrancher 50.000 hectares qui provenaient du clergé et des émigrés.

Les anciennes forêts domaniales sont donc réduites à 79.440 hectares en comprenant les vides.

Si on songe qu'à la fin du xvıᵉ siècle on attribuait à ces mêmes forêts une contenance de 248.600 hectares on voit que dans l'espace de deux siècles elles ont perdu les deux tiers de leur étendue.

II

BOIS COMMUNAUX

Les états de l'Administration portaient les bois appartenant aux communes :

Dans la 12ᵉ conservation à . . . . 61.333 ha.

— 13ᵉ — y compris la

vallée d'Aram, à . . . . 39.463 ha.

Dans la 14ᵉ conservation à . . . . 15.000 ha.

Total . . . 115.796 ha.

Ces bois ont subi une réduction encore plus forte que les forêts impériales. Au moment de la Révolution un grand nombre furent partagés entre les habitants et défrichés.

III

BOIS DES PARTICULIERS

Il faut distinguer deux classes de bois appartenant aux particuliers : la première comprend les bois venant d'inféodations faites par les comtes de Foix et autres grands vassaux de la couronne de France ; ils étaient en général, grevés, ainsi que les forêts impériales, d'usages très étendus en faveur des communes environnantes. Leur contenance était de plus de 42.000 hectares.

L'Ariège seule en renfermait 32.000 (1).

Pour avoir une idée de la diminution qu'avait

1. Cela résulte des jugements souverains et des états de l'Administration.

éprouvée la contenance de ces bois, il suffit de savoir qu'il en existait 15.000 hectares, dans le pays de Couzerans (1) et qu'ils se trouvaient réduits à moins de 300. Après que la vallée de Vic de Sos fut dépeuplée de bois, ses forges furent longtemps entretenues de charbon fabriqué dans les forêts de Massat, appartenant à M. de Sabran, qui alimentaient aussi plusieurs forges construites dans la commune.

L'étendue de ces bois avait tellement diminué, nous dit Dralet, qu'elle pouvait à peine fournir à la consommation des habitants.

La seconde classe se compose de bois dont l'entière propriété était entre les mains des particuliers, sans que les communes y aient aucun droit. Ils étaient réduits à l'époque dont nous parlons à 83.800 hectares par l'effet du défrichement auquel s'étaient livrés les propriétaires.

IV

CONSISTANCE GÉNÉRALE DES BOIS DE TOUTE ESPÈCE DANS LES PYRÉNÉES

De ce que nous venons de dire dans les paragraphes précédents il résulte que le sol forestier des Pyrénées au début du XIX⁰ siècle se composait de :

1. Arrêt du Parlement de Toulouse du 9 février 1621.

Forêts impériales	129.440 ha.
Bois communaux	115.796 ha.
Bois particuliers grevés de droits d'usage	40.000 ha.
Bois particuliers non grevés de droits d'usage	83.000 ha.
Soit un total de . .	368.236 ha. (1)

1. Les renseignements précédents sont donnés, uniquement, dans le but de suivre la marche de la déforestation antérieure au xixe siècle.

Il serait imprudent de tirer des conclusions rigoureuses d'un rapprochement entre les superficies données par Dralet, superficies qui reposent sur des évaluations approximatives, et les contenances qui font l'objet du tableau inséré au chapitre suivant, lesquelles reposent sur des levés géométriques beaucoup plus précis.

CHAPITRE III

La déforestation et le pastorat
au cours du XIX⁰ siècle.

On considère en général le xix⁰ siècle comme une
ère de dévastation et de défrichement inconsidéré.
Il n'est pas d'article de journaux ou de revues qui ne
signale les progrès de la déforestation au cours du
siècle dernier, et qui ne trouve là toute la cause des
catastrophes qui, sous forme de torrents, avalanches,
inondations, etc., se sont produites dans nos régions
depuis une centaine d'années.

Il est certain que, si on jugeait d'après les difficultés toutes particulières que rencontra l'Administration forestière, dans les Pyrénées, lors de son organisation, et d'après l'état d'esprit des populations tel
qu'il se dégage de certains faits, on pourrait croire
que la déforestation a dû progresser singulièrement
au cours de ce siècle.

Chaque révolution fut en effet pour les montagnards une occasion de manifester leurs prétentions
sur la forêt en la brûlant ou en la saccageant. De
toutes ces manifestations l'insurrection des Demoi-

selles fut assurément la plus caractéristique. Elle
éclata dans la Haute-Ariège, provoquée par l'indigna-
tion des habitants en présence de la promulgation
du Code forestier et de l'organisation effective d'un
service qui dorénavant entraverait l'exercice de leurs
anciennes habitudes.

« De sourdes rumeurs coururent par les vallées,
« nous dit M. Dubedat (1), conseiller à la Cour de Tou-
« louse, et tout à coup au mois d'avril 1829, on vit se
« lever dans les montagnes de Castillon et de Saint-
« Girons des bandes de paysans, la figure noircie de
« charbon ou de suie et parfois recouverte d'une
« marque, le front sillonné de lignes rouges et jau-
« nes, semblables à des rides profondes, la hache ou
« le fusil sur l'épaule, un bonnet de laine ou de peau
« de mouton sur la tête, parfois une coiffe de femme
« ou une nappe sur le front et les vêtements cou-
« verts d'une longue chemise blanche, à la manière
« des camisards des Cévennes. Leur chemise flot-
« tante ressemblant de loin à une robe, leur fit don-
« ner le nom de *Demoiselles.* Quand ils se montrè-
« rent, pour la première fois, à la lisière des bois, et
« dans les gorges de la montagne, on aurait pu les
« prendre pour une armée de barbares. » A partir
du printemps de 1829, la révolte commence dans la

1. M. Dubedat. Le procès des Demoiselles. Extrait du *Recueil de
l'Académie de Législation de Toulouse.*

Haute-Ariège, les Demoiselles abattent les arbres, incendient les forêts et déclarent une guerre ouverte aux agents forestiers. Peu à peu le mouvement se généralise et gagne l'Aude et les Pyrénées-Orientales. Les Demoiselles voulaient ainsi étendre leur insurrection dans toutes les Pyrénées. On enraya le mouvement et après bien des difficultés on finit par arrêter le chef de la bande.

Les conséquences de cette insurrection furent insignifiantes au point de vue de la déforestation. La révolte des Demoiselles est néanmoins intéressante par son caractère local, car elle montre bien l'état d'esprit et l'exaltation des populations pyrénéennes.

Il fallut toute la fermeté et l'intelligence d'un corps tout spécialement recruté pour mener à bonne fin cette œuvre de protection et de reconstitution de la forêt, si contraire aux idées des montagnards et pourtant en parfaite harmonie avec leur véritable intérêt.

Si on veut se faire une idée de ce qu'a été la déforestation au cours du XIXᵉ siècle, il faut l'étudier distinctement dans chacune des régions pyrénéenne et sous-pyrénéenne, car elles diffèrent essentiellement, non seulement par leur configuration, mais encore par les mœurs et les pratiques agricoles des habitants.

I

RÉGION PYRÉNÉENNE

§ 1. — Les bois.

Dans la région pyrénéenne, déjà au début du
XIXᵉ siècle, ainsi que nous l'avons vu, tous les terrains susceptibles d'être mis en culture avaient été
défrichés ; les bois ne recouvraient plus que des
terrains impropres à l'agriculture. Les particuliers
propriétaires de forêts dans cette région ne pouvaient
avoir intérêt à les détruire, que pour les convertir en
dépaissances. Mais une autorisation était nécessaire
et jusqu'en 1859 l'Administration pouvait empêcher
tout défrichement, car elle était, seule, juge de son
opportunité. Or, elle possédait dans la région montagneuse un personnel suffisant pour appliquer effi-
cacement le nouveau régime forestier. Si, donc,
quelque déforestation s'est opérée au cours du
XIXᵉ siècle dans la région pyrénéenne, c'est, d'une
façon latente, par le mouton, sur les bords des forêts. Les pertes, d'ailleurs, ont sûrement été compen-
sées par l'extension naturelle des superficies boisées
et les reboisements opérés par le service forestier.

Sans doute, l'Administration se heurta souvent et
se heurte encore à l'hostilité du montagnard qui ne
voit souvent qu'une vexation dans telle mesure néces-

saire pourtant à la conservation du sol forestier, la mise en défends, l'enlèvement des feuilles mortes, par exemple. Le berger, lui-même, jaloux de l'extension que prend la forêt au détriment de son pâturage, n'hésite pas à l'incendier et, encore aujourd'hui, les incendies de forêts sont fréquents. Fort heureusement le feu qui s'alimente de brousailles ne détruit pas toujours la forêt. Dans les Pyrénées particulièrement, grâce à la constitution géologique du sol, dont nous avons parlé dans le chapitre II de la première partie, et aux conditions climatériques, la végétation est très tenace. Le hêtre, particulièrement, essence très répandue dans les Pyrénées, avec sa vitalité singulière et des aptitudes physiologiques merveilleusement appropriées à la région, a, le plus souvent, résisté aux exploitations les plus désordonnées ; quelquefois, il est vrai, la forêt a été subrepticement convertie en broussailles ; mais, si l'Administration est intervenue par une mise en défends rigoureuse, la forêt se reconstitue et de nouveaux massifs viennent progressivement recouvrir ce sol un moment dénudé. C'est le cas le plus général.

§ 2. — Les vacants.

De l'exposé qui précède, il ressort que la déforestation proprement dite ne semble pas avoir progressé sensiblement au cours du dernier siècle dans la zone pyrénéenne. On ne saurait en dire autant de la dégradation générale des montagnes.

Étant donné la connexité très grande qui existe entre les forêts et les pâturages, il nous paraît indispensable de donner une description sommaire des terres vaines et vagues, généralement désignées sous le nom de vacants. Durant tout le cours du XIXᵉ siècle, ces vastes tènements, surchargés de troupeaux, tant indigènes que transhumants, livrés sans modération à la fantaisie des pasteurs, privés de toute restitution, sont allés s'appauvrissant de jour en jour.

Aujourd'hui dans les six départements pyrénéens, sur une superficie totale de 3.130.000 hectares et une superficie boisée de 550.000 hectares, les vacants occupent environ 670.000 hectares, soit 21 °/₀ de l'étendue totale du territoire et 121 °/₀ de la consistance des terrains boisés.

« Limitrophes, dans certains cas, des cultures
« agricoles sur le flanc des vallées que ces vacants
« occupent quelquefois tout entiers, ils s'étendent
« souvent entre les massifs boisés qui se sont main-
« tenus dans la zone moyenne des montagnes. Au-
« dessus ils règnent souverainement et vont se per-
« dre dans les rochers qui couronnent les diverses
« arêtes de la chaîne.

« Au fur et à mesure que la neige fond, dès le
« printemps, les troupeaux apparaissent sur les ver-

« sants les plus ensoleillés à proximité des villages.

« Ce sont naturellement les plus appauvris.

« Aussi voit-on, auprès de petits domaines privés,
« composés de champs bien cultivés ou de prairies
« ingénieusement irriguées, de vastes territoires sil-
« lonnés de petits sentiers tracés par le pied du mou-
« ton, à peine couverts, dans l'intervalle, de maigres
« touffes d'herbe ou de bruyère et de cailloux déta-
« chés du sol que le ruissellement des eaux d'orage
« entraînera à la première occasion dans le ravin du
« voisinage. C'est le domaine en proie à la jouis-
« sance collective.

« Les zones moyennes de la montagne sont quel-
« quefois moins dégradées. Il s'y rencontre des pla-
« teaux quelquefois même des versants bien enher-
« bés que le séjour prolongé des neiges met à l'abri
« d'une jouissance aussi abusive.

« Mais il est à noter que ces zones moyennes et
« basse de la région pyrénéenne, où se rencontrent
« fréquemment des dépôts glaciaires ou terreux, sont,
« actuellement, pour cette raison, les plus sujets aux
« phénomènes d'érosion qui rongent la montagne.

« La zone supérieure des vacants pyrénéens, géné-
« ralement débarrassée par le décapage de tous dé-
« pôts de même nature, est beaucoup moins exposée
« à ce genre de dégradation.

« Plus encore que les zones moyennes, les neiges
« les mettent à l'abri du séjour prolongé des trou-

« peaux, mais l'action alternative du soleil et des
« intempéries s'y exerce avec une intensité extrème.
« Le sol y est très superficiel et l'herbe, au lieu d'y
« former des tapis continus, n'y pousse que par touf-
« fes. Les roches chaotiques ou délitées y occupent
« souvent de grands espaces au pied des arêtes sail-
« lantes qui dessinent les crètes de la montagne (1). »

Les troupeaux de moutons parcourent ces solitu-
des durant les trois ou quatre mois d'été. Leur intervention s'associe aux intempéries pour activer la
décrépitude de ces hautes régions.

II

RÉGION SOUS-PYRÉNÉENNE

Si, au cours du xixᵉ siècle, dans la zone montagneuse,
les forèts ont à peu près conservé leur importance
en étendue, il n'en a pas été de mème, malheureusement, dans la région sous-pyrénéenne.

On verra plus loin que, encore assez bien boisée
au début du xixᵉ siècle, cette région ne renferme
plus aujourd'hui, en bois que 11 % de sa superficie
totale, alors que la moyenne générale en France est
de 17 %.

1. E. Loze. Communication, encore inédite, à l'A. F. pour l'avan-
cement des sciences, à l'occasion de son 38ᵉ Congrès (février 1910).

C'est de 1830 à 1880, période de progrès et de prospérité agricole, que la déforestation a sévi dans cette région et principalement sur les bois des particuliers.

Les propriétaires obéissaient à l'espoir si naturel, d'ailleurs, de compenser et au delà les avantages de la forêt et ses rendements périodiques, par d'autres natures de cultures, à rendement annuel.

L'invention des chemins de fer, en ouvrant de nouveaux débouchés aux divers produits du sol et notamment au vin, vint donner une nouvelle impulsion au défrichement dans cette région.

En 1859, en limitant les cas d'opposition aux demandes d'autorisation, la loi restreignit encore le contrôle de l'Administration et ce fut une nouvelle facilité donnée aux particuliers pour le défrichement de leurs bois.

Si, enfin, on tient compte de notre législation favorisant et ordonnant même le partage des héritages, des impôts excessifs et toujours croissants qui poussent le propriétaire à monnayer sa forêt, on comprendra que les bois des particuliers aient pu subir au XIXe siècle une réelle diminution.

Dans le seul département de la Haute-Garonne, de la confection du cadastre au 1ᵉʳ janvier 1879 (1)... les ter-

---

1. E. Loze. *Statistique forestière du département de la Haute-Garonne*, décembre 1888.

res labourables gagnaient. . . . 12.283 hectares.
les vignes. . . . 16.718 —
Total. . . . 29.001 —

tandis que les bois perdaient. . 16.505 hectares.
les prés et herbages. . 972 —
les landes. . . . . 11.524 —
Total. . . . . 29.001 —

La diminution de la propriété boisée ne fut pas moindre dans l'Ariège. Si les classifications cadastrales n'ont pas permis de l'établir d'une façon rigoureuse pour chacun des bassins sous-pyrénéens, la similitude des conditions économiques ne permet pas de douter que les mêmes aspirations ne s'y soient manifestées de la même manière.

CHAPITRE IV

Consistance actuelle des forêts

Nous avons vu la marche de la déforestation dans les Pyrénées ; nous avons indiqué ses principales causes ; il est intéressant de présenter maintenant la situation actuelle des forêts dans la région qui nous occupe, telle qu'elle résulte des statistiques récentes de l'Administration des Eaux et Forêts (1).

Du tableau suivant, il ressort que c'est dans la région pyrénéenne que se rencontrent la plupart des forêts appartenant à l'État et aux communes ; les premières plus spécialement dans la section des Pyrénées Centrales, les autres dans la section occidentale. Elles y sont groupées en massifs, quelquefois très importants, dans certains bassins secondaires, les plus éloignés généralement des grandes voies de communication et des centres habités. Ces circonstances ne sont pas étrangères à leur conservation.

1. Renseignements extraits de la statistique des bois non soumis au régime forestier, dressée par le Service des Eaux et Forêts de 1904 à 1908, et de la statistique des bois soumis au régime forestier, dressée en 1909 par le même service.

Répartition actuelle des forêts dans les régions pyrénéenne et sous-pyrénéenne

Désignation des départements	Superficies par régions	BOIS				
		DOMANIAUX	COMMUNAUX		PARTICULIERS	TOTAUX
			Soumis au Régime forestier	Non soumis au Rég. forestier		
Région pyrénéenne						
Basses-Pyrénées [1]	397.975 h.	»	49.266	15.278	33.694	98.238
Hautes-Pyrénées [2]	303.948	4.175	39.940	7.625	14.013	65.753
Haute-Garonne [3]	102.479	10.912	17.212	2.630	8.881	39.635
Ariège [4]	329.829	27.075	19.388	8.481	33.494	88.438
Aude [5]	95.239	11.319 (a)	7.445	4.202	10.014	32.980
Pyrénées-Orientales [6]	158.278	11.212 (b)	20.270	1.663	9.285	42.430
Totaux	1.387.748	64.693	153.521	39.879	109.381	367.474
Région sous-pyrénéenne						
Basses-Pyrénées [7]	364.311	358	9.223	5.972	33.681	49.234
Hautes-Pyrénées [8]	148.997	»	8.857	704	8.775	18.336
Haute-Garonne [9]	527.125	1.839	5.485	593	41.071	48.988
Ariège [10]	158.909	518	1.805	313	27.904	30.540
Aude [11]	334.224	6.094 (a)	4.686	299	16.626	27.705
Pyrénées-Orientales [12]	205.102	2.249	2.154	839	26.622	31.864
Totaux	1.738.668	11.058	32.210	8.720	154.679	206.667
Totaux généraux	*3.126.416*	*75.751*	*185.731*	*48.599*	*264.060*	*574.141*

1. Arrondissements d'Oloron, Mauléon, plus canton d'Espelette. — 2. Arrondissements d'Argelès, Bagnères, sauf canton de Castelnau-Magnoac. — 3. Cantons de Salies, Aspet, St-Béat, Luchon, Barbazan. — 4. Arrondissements de Foix et Saint-Girons, sauf cantons de Saint-Lizier et Sainte-Croix. — 5. Arrondissement de Limoux, sauf cantons de Chalabre, Alaigne, Limoux et Saint-Hilaire. — 6. Arrondissement de Prades, sauf canton de Vinça. — 7. Arrondissements de Pau, Orthez, Bayonne, sauf canton d'Espelette. — 8. Arrondissement de Tarbes, plus canton de Castelnau-Magnoac. — 9. Tout le département, sauf cantons portés à la région pyrénéenne. — 10. Arrondissement de Pamiers, plus cantons de Saint-Lizier et Sainte-Croix. — 11. Arrondissement de Castelnaudary, sauf canton de Castelnaudary-Nord, Carcassonne, sauf cantons de Alzonne, Seyssac, Mas-Cabardès, Conques et Peyriac, plus Durban, Sigean, Chalabre, Alaigne, St-Hilaire, Limoux. — 12. Arrondissements de Perpignan, Ceret, plus canton de Vinça. — (a) Y compris les terrains périmétrés appartenant à l'Etat. — (b) Y compris 3.780 hectares de terrains périmétrés appartenant à l'Etat.

Elles se distribuent dans d'autres cas en cantons plus ou moins étendus, isolés les uns des autres par des vacants de superficie très diverse.

D'habitude, au-dessus des forêts, règnent de vastes pâturages. On ne saurait préciser, avec quelque exactitude, la ligne de démarcation des unes et des autres. La limite supérieure de la végétation des essences forestières dans la région pyrénéenne n'est pas nettement déterminée. Elle dépend beaucoup plus, ainsi que la répartition des pluies, de la situation et de l'exposition des versants que de l'altitude elle-même. On peut considérer toutefois la cote 1.900 mètres comme l'altitude maxima des massifs forestiers proprement dits. Encore cette altitude est-elle rarement atteinte par les forêts de la Haute-Garonne et de l'Ariège. Au-dessus on ne rencontre que des bois clairiérés ou des sujets isolés montant à l'assaut des crêtes rocheuses que leur relief met à l'abri des accumulations de neige de l'hiver.

La paléontologie végétale révèle la tendance des essences forestières à émigrer progressivement, au cours des âges géologiques, des régions polaires vers les latitudes plus clémentes. Il semble que, en montagne, la même tendance se manifeste des zones supérieures vers les zones moyenne et basse.

Dans un de ses principaux ouvrages : *L'extinction des torrents en France par le reboisement*, le grand reboiseur Demontzey, raconte que, en 1873, dans les

Pyrénées, Vaussenat, alors directeur de l'Observatoire du Pic du Midi, en faisant escarper des rochers pour agrandir la plateforme, découvrit dans leurs intervalles des souches de pins à crochets à une altitude de 2.877 mètres.

Dans sa *Description des Pyrénées* en 1813, Dralet assure avoir rencontré au-dessus de la zone actuellement boisée, des troncs de sapin révélant l'existence antérieure de la forêt dans des parages où on n'en trouve plus d'autres vestiges.

« J'ai fait, dit M. Loze, Conservateur des Forêts à Toulouse, la même observation bien après lui, et le service forestier constate, d'ailleurs, tous les jours, combien la régénération des forêts s'opère lentement et difficilement, même dans les massifs actuels, aux hautes altitudes (1). »

Ce phénomène de régression de la forêt en bordure des pelouses supérieures serait, d'ailleurs, assez général. Il va sans dire que ce mouvement est plutôt lent. Qu'on l'attribue aux modifications du climat ou à toute autre cause, il n'en est pas moins réel et se traduit, matériellement, par les difficultés de toutes sortes que rencontre le reboiseur à réintégrer artificiellement la végétation forestière, si peu que ce soit au-dessus de la zone qu'elle occupe actuellement.

En compensation, la forêt tend à s'étendre dans

1. Loze. Communication déjà citée à l'A. F. A. S.

les zones moyenne et basse quand elle n'est pas systématiquement entravée.

Tout autre est la végétation des bois dans la zone sous-pyrénéenne. Ici la propriété individuelle exerce une prédominance caractéristique. Elle est, d'ailleurs, comme le domaine agricole, généralement très divisée et si le groupement des bois occupe, dans chaque département, des superficies importantes, il est à noter que les bois domaniaux ne s'y rencontrent qu'à l'état d'exception, les bois communaux n'y entrent que pour 3,5 °/₀ à peine, et les bois particuliers n'y sont, à de rares exceptions près, formés que de parcelles d'étendue restreinte.

CHAPITRE V

La législation contre le déboisement

Jusqu'au xvi° siècle le pouvoir royal ne paraît pas
s'être beaucoup intéressé aux forêts des Pyrénées. Il
existait dans l'ensemble de la région deux sortes de
forêts : les unes susceptibles de donner des bois de
construction, les autres ne pouvant donner que des
bois de chauffage. Les premières, peuplées de chênes
ou de sapins, préoccupaient seules le pouvoir souve-
rain. Quant aux secondes, de beaucoup les plus étendues, les maîtrises s'en désintéressaient à peu près
complètement.

Une simple constatation montre d'ailleurs le peu
de place que les forêts des Pyrénées occupaient dans
les préoccupations de ce pouvoir. Tandis que la France
entière comptait 20 grandes maîtrises des eaux et
forêts, les Généralités de Toulouse, de Montpellier
et du Roussillon d'une part, celles de Pau, Bordeaux,
Montauban et Auch d'autre part, embrassant ensemble plus du sixième du territoire, ne formaient que
deux grandes maîtrises.

Le premier acte par lequel l'administration paraît

s'être occupée des Pyrénées est un règlement du maître particulier de Quillan, en 1561. Sans doute jusque-là le roi avait rendu de nombreuses ordonnances qui étaient restées lettre morte dans les Pyrénées. Les coutumes étaient, jusqu'alors, les seules lois en vigueur dans ces régions, et les règlements relatifs aux forêts y tenaient peu de place. Cette ordonnance de 1561 établissait de légers droits d'afforestement dans les forêts domaniales des pays de Sault, de Fenouillet et du Donezan.

Henri IV, après avoir réuni à la couronne les domaines de sa maison, porta sa sollicitude sur les Pyrénées ; et, en 1597, il rendit deux ordonnances tendant à prévenir les fraudes dans le commerce des bois.

Louis XIV fut le premier de nos rois qui s'occupa sérieusement des forêts des Pyrénées. Il envoya d'abord des commissaires spécialement chargés de les visiter et, en 1668, sur leur proposition, adopta pour les maîtrises de Quillan, Saint-Gaudens et Tarbes, trois règlements provisoires, « dont les dispositions principales tendaient à mettre fin aux usurpations, brûlements et défrichements, et aux principales dilapidations ».

Enfin parut la célèbre ordonnance des Eaux et Forêts de 1669. Cette ordonnance réalisait un grand progrès sur toutes les ordonnances antérieures. Elle supprimait d'abord les coupes arbitraires et déréglées, que chacun pouvait faire antérieurement en

payant le droit d'afforestement, et y substituait, pour
ce qui concerne le chêne et le hêtre, les coupes à tire
aire par contenance avec réserve de baliveaux.

Elle réglementait strictement les droits de pâturage
et de pacage. Dorénavant les habitants ne pourront
faire paître qu'un nombre d'animaux limité et seulement dans les quartiers déclarés défensables. Ces
animaux seront tous marqués de la même façon, ils
porteront une clochette et devront être conduits par
les pâtres et gardiens nommés annuellement par la
paroisse.

Toutes les bêtes à la laine, moutons, chèvres et
brebis, étaient exclues de la forêt, et l'usager ne pouvait jouir du droit de pâturage que pour les bestiaux
nécessaires à sa nourriture.

Le pire ennemi de la forêt en montagne, le pastorat, se trouvait ainsi dans l'impossibilité de nuire,
si l'ordonnance était observée.

Le fait enfin de soumettre sans exception au régime
forestier tous les bois aussi bien des gens de main-
morte et des ecclésiastiques que des communautés,
et le contrôle de l'administration sur l'exploitation
et la jouissance des bois particuliers, constituaient
autant de mesures essentiellement protectrices. A ce
titre, l'ordonnance de 1669 méritait de servir de mo-
dèle à notre législation actuelle. Assurément les propriétaires de bois étaient soumis à des conditions de
jouissance limitatives du droit de propriété ; défense

de couper les taillis avant l'âge fixé, obligation de se conformer pour l'exploitation aux règles tracées pour les bois domaniaux, réserve de baliveaux, etc... La prohibition de défricher atteignait même le droit de propriété dans son essence, en lui enlevant un de ses caractères essentiels, le *jus abutendi*.

Mais le pouvoir royal s'était rendu compte que pour arriver à un résultat efficace et pour sauvegarder l'intérêt général, il fallait savoir au besoin sacrifier les intérêts particuliers.

Si cette ordonnance avait été appliquée, elle aurait certainement prévenu le déboisement au cours du XVIIIe siècle.

Malheureusement elle ne le fut pas, et cela n'a rien d'étonnant si l'on songe que son application était confiée à un petit nombre de gardes nommés par les paroisses.

Dans les Pyrénées particulièrement, les habitants se considérèrent toujours comme en dehors de cette ordonnance. Ils élevèrent même des réclamations que le roi prit en considération. De Froidour fut chargé de présenter au roi divers projets modifiant l'ordonnance de 1669 et l'adaptant à chacune des régions des Pyrénées.

C'est ainsi qu'un règlement du 13 décembre 1668 fut confirmé par un édit de mars 1672 pour la maîtrise de Quillan.

Un deuxième, en date du 6 mai 1670, relatif aux

forêts du Comté de Foix, fut approuvé par arrêt du Conseil le 11 avril 1672.

Un troisième, concernant la maîtrise de Comminges, du 8 mai 1670, fut autorisé par arrêt du Conseil le 5 mars 1672.

Les quatrième et cinquième, rendus pour la Basse-Navarre et le Pays de Soule, le 13 avril 1673, furent confirmés par arrêt du Conseil, le 17 juillet 1677.

Un sixième, relatif aux forêts du Béarn, du 15 juillet 1673, fut approuvé par arrêt du Conseil le même jour que le précédent.

Pour les forêts communales de la Bigorre, de Froidour édicta, le 16 janvier 1684, un règlement spécial, qui, après modifications, fit l'objet de l'arrêt du Conseil d'État du 27 mars de la même année.

Enfin, ce n'est qu'en 1759 qu'une déclaration du roi pourvut au régime des forêts de la province du Roussillon.

Ces règlements maintinrent en général les dispositions principales de l'ordonnance de 1669. Certains cependant y apportèrent de graves dérogations. Pour n'en citer qu'une : dans les Comtés de Foix, de Comminges et le pays de Quillan, le pacage des bêtes à laine fut autorisé.

Les idées individualistes de la Révolution de 1789 ne s'accommodèrent pas de l'intervention même mitigée de l'État dans la gestion de la propriété particulière. Une loi de 1791 ren dit purement et simplement aux propriétaires de bois la liberté d'en user à leur gré. Le résultat ne se fit pas attendre ; les défrichements inconsidérés se multiplièrent ; nous l'avons déjà signalé précédemment.

Les conséquences furent tellement manifestes qu'il fallut en rabattre. Le 29 avril 1803, une loi prohiba le défrichement sans autorisation préalable ; son application était limitée à une période de vingt-cinq ans.

Au moment de la discussion du Code de 1827, le délai de vingt-cinq ans allait expirer. Que faire et dans quelle situation allait-on mettre les propriétaires de bois particuliers?

Sans doute, on était soucieux de sauvegarder le principe de la propriété individuelle; M. de Martignac s'en expliquait nettement. Mais, d'autre part, on hésitait à renouveler l'essai de 1790. La liberté complète accordée aux propriétaires de bois pour l'exploitation et le défrichement avait donné de si funestes résultats qu'on décida de prolonger pendant vingt ans encore le provisoire antérieur, c'est-à-dire l'obligation d'une autorisation préalable au défrichement avec opposition possible de la part de l'Administration. On espérait qu'au bout de ce délai les propriétaires seraient suffisamment instruits de leur propre intérêt et soucieux de l'intérêt général pour obtenir une liberté complète.

Il n'en fut rien. En 1859 une nouvelle loi intervint et confirma d'une façon définitive la réglementation précédente avec cette atténuation, toutefois, que l'Administration ne pourrait faire opposition au défrichement que dans certains cas nettement définis, au nombre de six.

Cette loi du 18 juin 1859 règle aujourd'hui la question du défrichement des bois particuliers. Nous avons vu que si elle a prévenu les abus dans la montagne elle n'a pas eu la même efficacité dans les régions de collines et coteaux. Divers projets tendant à renforcer ses dispositions prohibitives sont actuellement en discussion devant le Parlement. Nous les examinerons dans les conclusions de cette étude.

CHAPITRE VI

Conséquences contemporaines de la déforestation

« La nature, en appelant les forêts sur les montagnes, plaçait le remède à côté du mal ; elle combattait les forces actives empruntées au règne de la vie (1). » Est-ce à dire qu'il n'y a place sur les montagnes que pour la forêt ! Il y a place aussi pour la dépaissance et chacun de ces éléments de conservation et de prospérité doit se répartir en de justes proportions. Mai si l'homme enfreint à cet égard les indications de la nature, elle se charge de le châtier de son imprévoyance.

Nous allons passer en revue les phénomènes par lesquels se traduit, sous nos yeux, la déforestation pyrénéenne.

I

CONSÉQUENCES PHYSIQUES

De toutes les manifestations qu'entraîne la rupture de cet équilibre, dans les régions montagneuses, les plus violentes sont les torrents et les avalanches.

1. A. Surell. *Etude sur les torrents des Alpes.*

§ 1. — Les torrents.

Dans le langage courant, on désigne, sous le nom de torrent, tout cours d'eau à débit irrégulier, dont le thalweg est suffisamment resserré et déclive pour que les eaux se précipitent en bouillonnant, des hauteurs où il s'alimente, vers la vallée où son impétuosité s'atténue et se calme.

> Avec grand bruit et grand fracas,
> Un torrent tombait des montagnes (1).

Envisagés sous cet aspect, tous les cours d'eau des versants montagneux sont des torrents et il n'est pas rare d'entendre dire, fort justement d'ailleurs, de la plupart d'entre eux et même de bon nombre d'autres qui leur servent de débouché vers les plaines, que leur régime est torrentiel.

Mais cette expression a un sens plus restreint dans le langage de la restauration des montagnes.

Surell définit le torrent : « Un cours d'eau qui affouille dans la montagne et dépose dans la vallée. »

Demontzey ajoute à cette brève définition quelques indications complémentaires :

C'est un cours d'eau « à crues subites, à pentes très fortes, à cours parfois intermittent, ayant pour

1. La Fontaine. *Fables.*

caractères l'affouillement dans la montagne, le charriage des matériaux arrachés, leur dépôt dans la vallée et la divagation sur ces dépôts » (1).

Le caractéristique du torrent dans le sens technique du mot c'est donc l'affouillement et le transport en masse qu'on désigne sous le nom caractéristique de lave (2).

Les Pyrénées furent au cours de la période quaternaire le théâtre de phénomènes de cette nature d'une extrême puissance et de longue durée. Les vastes plateaux de Lannemezan, d'Orignac et de Ger en sont la manifestation la plus imposante (3). Mais dans chaque vallée, au débouché de chacune des anfractuosités transversales creusées dans la montagne

1. Il va sans dire que ces phénomènes d'affouillement et de transport supposent une action impétueuse et par conséquent par à-coups, dans laquelle entrent en jeu une chute d'eau abondante, un ruissellement intense sur un sol plus ou moins affouillable, en même temps qu'une configuration de terrain favorable à la réunion des eaux dans un thalweg à fortes pentes susceptibles d'affouillement.

2. Demontzey. *Extinction des torrents en France par le reboisement.*

3. Sur tout le front qui borde les soulèvements montagneux dans la région des Hautes-Pyrénées, de Montréjeau à Lourdes, des masses alluviales argilo-caillouteuses dont la puissance atteint près de 300 m. s'étalent en pentes douces, couvrant au loin la plaine: leurs derniers lambeaux s'y retrouvent à plus de 100 kilomètres de la chaîne et leurs menus débris plus loin encore, vers le nord-ouest dans la région des dunes et des Landes de Gascogne. (*Les érosions torrentielles et subaériennes sur les plateaux des Hautes-Pyrénées.* T. Marchand et A. Fabre).

s'épanouissent encore la plupart des cônes de déjection des torrents qui sillonnaient la région, après que furent balayés, par le cours d'eau principal, les dépôts qu'il avait lui-même entraînés de la haute chaîne.

A cette période de transports provoqués par des condensations aqueuses diluviennes, succède une période de calme relatif à la faveur duquel les montagnes se recouvrent de forêts qui existaient encore lorsque les premiers habitants vinrent occuper les grottes où ils ont laissé des traces, non seulement de leurs foyers, mais encore de leur habileté surprenante à reproduire par le dessin les animaux qu'ils envoûtaient avant de partir pour la chasse.

Malgré la déforestation intense signalée plus haut, grâce à la nature compacte des roches qui constituent l'ensemble de la chaîne, grâce aussi vraisemblablement à un régime de chutes d'eau plus modéré, cette accalmie relative persiste encore de nos jours et les phénomènes torrentiels demeurent localisés et accidentels.

Rien d'analogue, dans cette région, aux ruines sans nombre qui désolent les Alpes françaises. « Ce massif montagneux présente toutes les variétés possibles de déchirements, de ruines, d'éboulements que peut produire le torrent secondé par l'égoïsme de l'homme dans les sols de toute nature, dans les climats les plus divers, et aux différentes altitudes depuis la mer jusqu'aux neiges éternelles !

« Les bassins de la Durance, de l'Isère, de la Drôm^e et du Var sont ravagés par une multitude de torrents parmi lesquels on en compte plus de 300 formidables et plus de 800 de moindre importance, non compris les myriades de ravins qui dans leurs intervalles déchirent les versants d'autant plus dénudés qu'ils se rapprochent davantage du littoral méditerranéen (1). »

Dans les Pyrénées comme dans les Alpes existent aussi, en trop grand nombre, des montagnes dénudées, réduites à leur squelette par une dépaissance abusive et sans compensation, mais le torrent proprement dit y est à l'état d'exception. Rarement il attaque l'ossature de la montagne. C'est dans les dépôts glaciairés et diluviens qu'il s'alimente.

« La caractéristique de cette région consiste surtout en ce que les torrents en activité y sont tous de récente formation, la plupart d'entre eux sont nos contemporains (2). » Qu'est-ce à dire sinon que les torrents qui se sont formés successivement depuis la période diluvienne se sont éteints d'eux-mêmes après avoir épuisé les dépôts qu'ils avaient attaqués.

Est-ce à dire que ces phénomènes soient négligeables ; tant s'en faut. Pour être localisés, leurs rava-

1. Demontzey. *L'extinction des torrents en France par le reboisement*, titre II, chap. 3

2. Demontzey. *Ibidem.*

ges ne sont pas moins redoutables dans la vallée où ils se créent et leur généralisation serait désastreuse. Quelques exemples pris dans différentes vallées des Pyrénées permettront d'en juger.

Bassin du Gave de Pau

Le Bastan. — Dans la région des Pyrénées, il n'est pas de haute vallée où la déforestation se soit exercée avec plus d'intensité que dans la haute vallée du Gave de Pau. Dès les XIII° et XIV° siècles on trouve dans ces hautes régions des sortes de clans formés de groupements de famille qui se sont partagé les pâturages de la montagne en s'y installant avec leurs troupeaux pour toute la saison d'été.

Aujourd'hui, dans le haut bassin de 45.000 hectares de superficie, dont 35.000 de biens communaux, 2.700 hectares seulement sont boisés, à peine 5 °/₀ du territoire total, et, dans la vallée de Bastan, la plus dégradée, embrassant 9.600 hectares compris entre 650 et 3.092 mètres d'altitude, en dehors des reboisements récents exécutés par le service forestier on ne rencontre plus que 253 hectares de bois ; la proportion tombe à 2,5 °/₀.

Aussi les phénomènes torrentiels ont-ils pris dans cette vallée une intensité qui n'a d'égale que la violence des avalanches de neige.

Le Rieulet aux portes de Barèges, le Pontis un peu en aval, le Saint-Laur, auprès du Pontis, se sont successivement creusés dans les boues glaciaires de la rive gauche de la vallée, charriant d'énormes laves qui non seulement coupaient la route d'accès de Barèges, mais encore barraient le cours du Bastan.

Les travaux poursuivis, depuis 1860, au milieu d'entraves de toutes sortes, sur quelques 500 hectares du bassin du Bastan, ont pu corriger en partie les affouillements et transports de ces torrents ; mais ils sont demeurés impuissants à prévenir le bouleversement complet du thalweg de la vallée principale survenu brusquement le 3 juillet 1897.

Cette fois, c'est le cours d'eau principal lui-même qui affouillant tout le fond de la vallée, et transportant des blocs énormes, a ruiné toutes les prairies inférieures et failli emporter une partie importante du joli bourg de Luz situé à son débouché. Les habitants ont durement éprouvé dans leurs propres cultures les conséquences funestes de l'imprévoyance de leurs ancêtres.

Le Péguère. — En avril 1884, dans le même bassin du Gave de Pau, mais sur le versant ouest de la vallée secondaire de Cauterets, c'est la combe de Péguère qui subitement s'affouille et laisse échapper des blocs si volumineux et en si grand nombre que les principaux établissements de cette station thermale furent mis en péril...

Bien qu'ici l'affouillement et le transport se produisent à sec, la dégradation de la montagne et le danger qui en est la conséquence sont tels qu'on ne peut les passer sous silence dans l'énumération des phénomènes d'érosion occasionnés dans les Pyrénées par la destruction de leur armature végétale (1).

Cette catastrophe prit rapidement des proportions telles qu'il n'était question de rien moins que de fermer, par mesure de sécurité publique, les établissements frappés par cette mitraille d'un nouveau genre.

Par des travaux d'une nature toute spéciale le service forestier a conjuré ce danger très localisé, c'est certain, mais cependant très préjudiciable.

Le Lisey. — Dans la même vallée, en 1893, un ruisseau inoffensif jusque-là, se creuse dans un sol de transport composé de granits roulés, les remanie et les jette sur la route de Cauterets qui se trouve barrée à chaque orage.

1. Nul exemple mieux que celui-là ne démontre les funestes conséquences de la dégradation des pâturages par les moutons. La dépression occupée en 1884 par la combe de Péguère était en 1860 journellement fréquentée par les troupeaux de moutons et de chèvres qui se rendaient sur les hauts versants dominant la rive gauche du Gave de Mercadau. D'où il résulte qu'il n'a pas fallu plus d'une vingtaine d'années pour transformer ce haut vallon en une combe profonde que ses berges nues et instables avaient rendue infranchissable aux montagnards les plus hardis. Demontzey, ouvrage déjà cité, p. 350.

Bassin de la Pique.

Le Laou d'Esbas. — C'est en avril 1865 que prend naissance subitement, peut-être, à la suite d'une érosion du sol par quelque avalanche, le torrent de Laou d'Esbas... En une seule nuit, un ruisseau jusque-là inoffensif arrache à ses berges pour les jeter dans la vallée plus de 600.000 mètres cubes de matériaux. Du coup, une sapinière, située au débouché en regard du confluent de la Glère et de la Pique, est renversée et ensevelie sous les déjections demeurées sur place, tandis que celles qui sont entraînées vont exhausser d'un mètre environ le lit de cette dernière rivière en aval de Luchon.

Rien ne permet de prévoir quelles auraient été les suites de ce phénomène pour la ville de Luchon et sa vallée si riante, si une prompte intervention n'avait tout d'abord enrayé l'érosion par une correction méthodique, et progressivement recouvert de végétation les berges nues et affouillables qui s'étaient subitement créées.

Bassin de la Haute-Ariège.

L'Embessal. — Dans le bassin secondaire de Vicdessos et dans la vallée de Siguer, en 1885, à la suite d'un violent orage, le torrent de l'Embessal, reprend soudainement une activité désastreuse, rejetant jusqu'au sommet de ses berges des bois qui avaient trouvé dans son lit une assiette qu'on pouvait croire définitive. De mémoire d'homme ce petit cours d'eau n'avait causé de dommage et tout à coup il vient barrer le cours de la rivière de Siguer et menacer le village de même nom.

Le torrent de Verdun. — On n'a pas perdu le souvenir de ce ravin de Verdun transformé soudain en torrent furieux le 23 juin 1875. Il détruit en un instant le village de ce nom situé à son débouché et fait de nombreuses victimes surprises par son irruption inopinée.

Le ravin des Canals. — Le torrent de Mérens section des Canals sur la rive gauche de la Haute Ariège rentre en activité le 28 juin 1902, détruit plusieurs maisons, menace les autres ; c'est un affolement général.

Il se rencontre dans les Pyrénées quantité d'autres petits torrents de moindre importance et d'érosions qui apportent leurs déjections aux cours d'eau qui en descendent. Ce serait sortir du cadre de cette étude que pousser plus loin nos recherches à cet égard.

Ce qu'il importe de faire ressortir ce sont les caractères communs de tous ces phénomènes, qui prennent naissance sous l'action d'une trombe accidentelle s'abattant sur une région donnée et s'aggravent ensuite assez rapidement si l'on n'intervient à temps.

Un autre caractère est la localisation de ces phénomènes du moins en ce qui concerne les Pyrénées. La vallée de Barèges est la seule où ils se soient généralisés.

On peut en conclure que les travaux que comporte leur correction ne peuvent avoir qu'une influence restreinte sur le régime général des cours d'eau (1).

§ 2. — Les avalanches.

Une seconde conséquence de la dénudation des montagnes, conséquence de même nature que la précédente par son action aussi violente qu'inopinée, ce sont les avalanches. L'action du vent est prépondérante dans la préparation des avalanches. Les bourrasques de vent d'ouest en particulier qui accompagnent souvent les chutes de neige, balayent les crêtes et les plateaux qu'ils prennent de flanc et amoncellent les neiges dans les entonnoirs et les ravins abrités. Seule la forêt présente une garantie sérieuse contre les avalanches, en empêchant le vent de soulever les neiges et s'opposant à leur glissement.

1. S'il n'y a de torrents proprement dits que dans les Pyrénées Centrales, il se rencontre, dans les bassins de l'Aude et de la Tèt des terrains en érosion, qui, par leur extension et le danger qui en sont la conséquence, ont justifié l'application de l'article 2 de la loi du 4 avril 1882.

Ils ont fait l'objet des intéressantes monographies de MM. Rousseau et Calas citées dans la Bibliographie qui accompagne cette étude.

Plus encore peut-être que les torrents, les avalanches sont dans les Pyrénées excessivement localisées. La vallée de Barèges, déjà si menacée par les torrents, est aussi une des vallées pyrénéennes où les avalanches ont exercé le plus de ravages. Se succédant à intervalles rapprochés pendant toute la durée du siècle dernier, elles occasionnaient parfois de véritables catastrophes. En 1855, tous les ravins de la vallée du Bastan donnèrent, une douzaine de personnes furent tuées et les dégâts furent considérables.

En 1886 et en 1889, nouvelles avalanches, le thalweg de la vallée est couvert sur une longueur de 800 mètres, une largeur de 60 à 80 mètres et une hauteur de 20 mètres en amont de Barèges. En 1889, l'avalanche barre la vallée le 6 février ; la circulation ne fut rétablie que le 20 juillet ; encore passait-on entre deux murs de glace de 5 à 6 mètres de hauteur. En 1895 une avalanche détruit de fond en comble le Casino et quatre maisons bâties à chaux et sable situées de l'autre côté de la rue principale de Barèges.

La dernière avalanche sérieuse date du 31 janvier 1897. Elle faillit coûter la vie à quatre personnes imprudemment restées dans leurs maisons malgré les signes précurseurs du phénomène, et heureusement retirées saines et sauves de leur domicile complètement englouti sous la neige.

Les travaux d'abord entrepris par le génie militaire en 1860 et continués par le service des eaux et forêts ont progressivement sinon conjuré du moins atténué la gravité de ces phénomènes sur le versant de montagne qu'ils ont occupé. Mais ils sévissent toujours avec la même intensité sur les tènements voisins que la résistance des pasteurs a soustraits à une intervention dont l'efficacité n'est plus discutable.

§ 3. — Les inondations.

Une avalanche qui barre momentanément un cours d'eau, un torrent, qui l'obstrue de ses déjections et exhausse son lit, occasionne généralement des débordements plus ou moins dommageables aux vallées inférieures. Ces débordements, localisés d'habitude comme les accidents qui les provoquent, ont tous les caractères de l'inondation; mais l'usage semble réserver plus spécialement cette désignation à des phénomènes d'un caractère plus général.

Lorsque des pluies abondantes et continues affectent l'ensemble d'un bassin fluvial, l'eau ruisselle d'abord sur les surfaces rocheuses ou imperméables; elle imprègne en même temps les terres cultivées, les délaye et les entraîne d'autant plus abondamment qu'elles sont plus friables et plus déclives. Enflée de ces apports terreux, elle se réunit dans les plis de terrain, court vers les ravins, leur emprunte par affouillement les éléments déjà mobilisés par les crues antérieures et converge ainsi gonflée et alourdie vers les thalwegs principaux.

Pendant ce temps la pluie tombée sur la forêt, en partie évaporée par ses frondaisons, en partie retenue par la couverture morte ou infiltrée dans le sol, est soustraite à l'action générale et le flot inondant se trouve réduit d'autant.

Nous nous sommes suffisamment étendu sur ce rôle physique de la forêt dans le chapitre premier, article 3, de cette étude, pour n'y pas insister ici.

Est-ce à dire qu'un bassin boisé soit absolument à l'abri des inondations ? Personne ne saurait le prétendre.

La capacité évaporatrice et rétentionnelle de la forêt, comme tout en ce monde, a ses limites, variables d'ailleurs avec l'essence et la densité des peuplements, la nature, l'épaisseur, le tassement de la couverture morte. La limite atteinte, le sol saturé, l'excédent seul ruissellera et viendra grossir l'inondation.

Mais, pour n'être point souveraine, l'action de la forêt n'en demeurera pas moins encore extrèmement précieuse. Par l'interposition de ses cimes, branches et feuilles, elle atténuera encore la violence de la pluie contre le sol ; par ses troncs elle ralentira le ruissellement ; par le lacis de ses racines elle retient dra les terres. Ainsi sera modérée la violence et la densité du flot.

Comme conséquence, tout différents sont les caractères de l'inondation aux débouchés de bassins l'un boisé, l'autre dénudé. Elle peut atteindre des hauteurs similaires dans certains cas tout spéciaux ; mais la crue sera lente et prolongée dans le premier, ainsi que la crue de la Seine en février dernier, soudaine et violente dans le second, comme la plupart des inondations modernes de la Garonne.

On peut donc affirmer sans crainte qu'il existe une corrélation réelle entre la fréquence, l'intensité, la violence des inondations et la déforestation pyrénéenne.

M. de Boixo, inspecteur des Forêts à Perpignan, l'a trouvée dans les observations comparées du régime des trois principaux cours d'eau des Pyrénées-Orientales, le Tech, la Tet et l'Agly (1).

Sur les bassins des deux premiers de ces cours d'eau le boisement est d'environ 23 °/₀ de la superficie totale ; de 4 °/₀ seulement pour l'Agly. Par contre, tandis que les bassins de la Tet et du Tech sont abrupts et leur thalweg redressé à 2 °/₀ de pente moyenne, celui de l'Agly, moins encaissé, a une pente moyenne de 1,4 °/₀ seulement. Eh bien, malgré ces circonstances favorables, durant la période considérée, de 1888 à 1891, l'Agly a débordé seize fois, la Tet et le Tech neuf fois seulement et les crues horaires ont atteint une moyenne à peu près double sur le premier de ces cours d'eau que sur les deux autres.

Ces constatations, tout à l'avantage de ces derniers,

1. De Boixo. Notice sur les inondations de 1888 à 1891 et sur le déboisement dans le Roussillon, Perpignan. Ch. Latrobe, 1892.

ne sauraient être attribuées qu'à l'écart entre les taux de boisement de ces bassins situés dans une même région et des conditions climatériques analogues.

Si on s'en rapporte aux comptes-rendus qui ont été faits des inondations de l'Aude, de l'Adour (1), du Gers et des Baïses au cours du xıxᵉ siècle on y trouve tous les caractères propres aux bassins déforestés.

On possède des indications plus anciennes sur les inondations de la Garonne et il nous aurait paru extrêmement intéressant d'établir un rapprochement entre la marche de ces phénomènes et les progrès de la déforestation pyrénéenne.

Malheureusement les documents qui nous ont conservé le souvenir de ces calamités ne renferment aucune donnée scientifique de nature à permettre de suivre la marche de ces phénomènes et d'évaluer le volume réel des crues.

Par la même raison on ne peut guère tirer argument de leur fréquence, d'autant qu'il n'est pas douteux que les constatations ne soient d'autant plus nombreuses qu'elles sont plus récentes.

Nous en donnons néanmoins d'après Champion (2) un relevé général. Les inondations signalées comme les plus désastreuses y sont inscrites en italiques.

Au xıııᵉ siècle : deux, en 1212 et 1281.

1. On ne signale pas moins de dix grandes inondations de l'Adour au cours du xıxᵉ siècle.

2. Champion. *Les inondations en France*.

Au xiv° siècle : une, en 1310.

Au xv° siècle : trois, en 1430, *1435*, 1483.

Au xvi° siècle : cinq, en 1522, 1523, 1536, |*1597*, 1599.

Au xvii° siècle : trois, en 1652, 1653, 1678.

Au xviii° siècle : sept, en *1712*, 1727, 1750, 1766, 1768, *1770*, 1771.

Au xix° siècle : onze, en 1802, 1804, 1806, 1812, 1816, 1825, *1835*, 1843. *1855*, 1856, *1875*.

Il semble bien, à l'inspection de ce tableau, que la fréquence des inondations ait progressé en même temps que la déforestation et la dégradation des montagnes du xvii° au xix° siècle. Nous ne saurions toutefois pour les raisons que nous avons exposées, en tirer un argument décisif en faveur de notre thèse. Nous préférons nous en tenir aux considérations d'ordre général que nous avons développées.

La déforestation est donc pour nous, sinon la cause efficiente, du moins un facteur important des inondations. Après chacune de ces catastrophes, l'opinion publique se réveille et cette agitation trouve aussitôt un écho sympathique au Parlement. Des sommes énormes sont dépensées pour réparer les dégâts, l'émotion se calme, et tout rentre petit à petit dans l'ordre jusqu'à la prochaine inondation.

Au lieu de corriger les effets de ces désastres, sans doute vaudrait-il mieux s'appliquer à en atténuer les causes. Ce serait en même temps plus logique et moins onéreux.

II

CONSÉQUENCES ÉCONOMIQUES

La déforestation n'agit pas seulement sur les phénomènes plus ou moins impressionnants que nous venons de passer en revue ; ses conséquences ont leur répercussion sur l'économie générale de la région sur laquelle elle s'est exercée, sa richesse, le mouvement de sa population, son commerce et son industrie.

La région sous-pyrénéenne qui, grâce à son climat et à la composition du sol, pourrait être une des contrées les plus riches de France, se voit privée de sa fertilité par suite du manque d'eau. N'est-ce point en grande partie la faute du déboisement ?

§ 1. — Navigabilité des cours d'eau.

On ne saurait mettre en doute l'ancienne flottabilité de la plupart des cours d'eau montagneux pyrénéens.

Des faits historiques précis, des arrêts du Parlement de Toulouse, des marchés conclus avec des bateliers et radeliers pour transport ne laissent aucun doute.

En 1575 un droit de « vingt sols était établi pour chacune carre de bois à brûler qui seront descendues sur les rivières de Garonne, l'Ariège, l'Arize, l'Aude, le Salat, et pour chacun carrat de bois à bâtir qui descendra sur les dites provinces, vingt sols (1) ».

Au XVIII° siècle, l'Adour, la Neste, la Haute-Garonne, le Salat étaient fréquentés par des radeaux souvent lourdement chargés de marbres et de bois de mâture. Bien en amont de Toulouse, à Fos en amont même de Saint-Béat, la batellerie évacuait sur Bordeaux les richesses naturelles de la chaîne : mais, déjà à cette époque, l'Hers, l'Arize, l'Ariège et l'Aude, n'étaient plus navigables dans la partie élevée. Tous ces transports ne sont plus aujourd'hui que de lointains souvenirs. Sans doute des transformations matérielles et économiques sont intervenues, routes, canaux, voies ferrées, barrages industriels, qui ont profondément modifié les anciens et primitifs moyens de pénétration et d'échange ; mais, tout en tenant compte de cette évolution, on ne saurait nier que le régime de ces cours d'eau n'ait subi une perturbation radicale fort dommageable à la région.

1. Règlement de l'Union des Catholiques et de ceux de la région arrêté le 10 janvier 1575 à Nismes par l'autorité de M le Maréchal de Dauville (*Hist. du Languedoc.* Dom issVacitte, t. XII, p. 124).

§ 2. — Ensablement des ports.

Ce n'est pas seulement dans la montagne et dans les plaines qui s'étalent au pied des premiers contreforts des Pyrénées que la déforestation fait sentir ses funestes conséquences.

L'inquiétude sans cesse croissante causée par l'ensablement du port de Bordeaux est bien de nature à nous le rappeler. C'est un véritable déménagement qui s'opère de la montagne vers l'embouchure des fleuves. Les masses colossales de blocs, de graviers, de sables et de vases qui s'échelonnent dans les thalwegs sont autant de mines inépuisables ; les gaves ne cessent de les balayer vers l'estuaire, d'où ils expulsent les navires.

En Gironde, nous dit M. Bouquet de la Grye (1), les dragages coûtaient il y a vingt ans 3 millions par an. Entre les parallèles de Blaye et de Marennes les dépôts alluviaux annuels venus de l'amont qui n'étaient que de 700.000 mètres cubes de 1825 à 1872, s'élevaient depuis 1892 à 1.184.000 mètres cubes. Très judicieusement ce savant ingénieur insiste sur l'évidence du péril nautique et sur l'urgence du seul remède : boisement et gazonnement dans le haut bassin.

1. Note remise au 1er Congrès du S.-O. navigable (juin 1902).

Aujourd'hui c'est par millions que se chiffrent les dépenses engagées dans les dragages du port de Bordeaux et on entrevoit le jour où le commerce tout entier devra se transporter à mi-chemin du littoral.

La déforestation et la dégradation des pâturages intéressent enfin l'économie nationale.

§ 3. — Dépopulation.

C'est aujourd'hui un aphorisme incontesté que le déboisement entraîne la ruine des pâturages de la montagne. Or le pastorat fut toujours, jusqu'à ces derniers temps, la grande industrie pyrénéenne. A défaut du travail plus rémunérateur que d'autres régions trouvent dans la forêt, les paysans pyrénéens tiraient quelques ressources de la dépaissance. Mais, les forêts disparues, la montagne s'est progressivement dégradée, les pâturages se sont asséchés et n'ont pu nourrir qu'un nombre de plus en plus restreint d'animaux. Comme conséquence la population, vouée à la misère, émigre vers la plaine. C'est ce qui s'est produit dans les Pyrénées.

D'après les statistiques du Ministère de l'Intérieur et de l'Agriculture de 1846 à 1906 la population des arrondissements montagneux des Pyrénées est tombée de 758.284 à 580.605 habitants, soit une diminution de 177.679, 23 %, proportion bien supérieure à celle du mouvement général des campagnes vers les

villes. D'ailleurs, durant cette même période, dans
ces mêmes arrondissements, le nombre des moutons a
passé de 2.622.917 à 1.513.141 diminuant de 1.609.826,
soit de 46 %. En estimant chaque mouton 25 francs,
on constate une perte sèche en capital de plus de
23 millions. Ceci confirme hautement les paroles de
Surell : « De la présence des forêts sur les montagnes dépendent l'existence des cultures et la vie des
habitants. »

§ 4. — La houille blanche.

Il nous reste enfin à parler d'une ressource qui, aujourd'hui, intéresse au plus haut point les économistes, car la houille blanche devient pour l'industrie
une affaire capitale. Empruntons encore au discours
déjà cité de M. Audiffred quelques considérations
qui exposent nettement cette intéressante question.

« Notre pays, dit-il, n'est pas très favorisé par la
« nature au point de vue des mines de houille. Nous
« n'avons pas de richesses minérales comparables à
« celles de l'Allemagne, encore moins à celles de
« l'Angleterre ou des États-Unis. Chaque année nous
« achetons à l'étranger 18 millions de tonnes de
« houille ; notre consommation étant de 57 millions,
« nous payons de ce fait un tribut annuel de
« 400 millions de francs et nous ne pouvons, quel-

« que habileté que nous mettons à l'exploitation de
« nos houillères, augmenter leur production sous
« peine de les épuiser plus rapidement.

« Mais la nature, qui a été avare pour nous de ses
« richesses minérales, nous a dotés, au contraire, de
« forces hydrauliques considérables.

« La forêt en emmagasinant des quantités d'eau
« considérables permet d'utiliser une plus grande
« quantité de force hydraulique ; depuis trente ans,
« grâce aux découvertes de savants français, notam-
« ment de M. Marcel Desprez, membre de l'Aca-
« démie des Sciences, on a découvert le moyen de
« transporter la force par l'électricité à des distances
« de plus en plus grandes.

« Demandez-vous dans quelle mesure le reboise-
« ment et le gazonnement, pratiqués avec intelli-
« gence, augmenteraient la quantité de force hydrau-
« lique dont nous disposons : on pourrait arriver
« peut-être à compenser ainsi le défaut de nos riches-
« ses minérales et à cesser d'être tributaires de
« l'étranger. »

Et non seulement le reboisement et le regazonne-
ment nous intéressent par l'augmentation de forces
hydrauliques qu'ils peuvent nous procurer, mais
encore parce que seule la forêt est capable de maintenir aux cours d'eau cette régularité qui est le facteur essentiel de l'utilisation de la houille blanche.
Une usine quelconque ne se fondera à proximité d'un

cours d'eau que si ce cours d'eau, à son débit mini-
mum, lui permet de poursuivre ses travaux sans inter-
ruption et en toute saison.

La houille blanche a déjà reçu dans les Pyrénées
de nombreuses applications et elle en reçoit tous les
jours de nouvelles. Outre l'accroissement qu'elle
donne à la richesse nationale, elle peut engendrer au
point de vue de la restauration des montagnes, des
effets merveilleux et inattendus. En offrant un nouveau débouché à la main-d'œuvre, elle modifiera les
mœurs et les habitudes séculaires des habitants ; et
si un jour, à la faveur de cette pénétration d'éléments
nouveaux dans les vallées les plus reculées, le montagnard vient à mieux comprendre ses intérêts réels,
la forêt reprendra son ancien domaine, le pâturage
sa belle vigueur, et la région tout entière sa fertilité
première.

Les besoins de l'industrie ont causé en partie la
ruine des forêts pyrénéennes ; c'est peut-être de l'industrie que viendra leur salut.

TROISIÈME PARTIE

LE REBOISEMENT

NOTIONS GÉNÉRALES

Au début du xix⁰ siècle, nous l'avons vu précédemment, les forêts des Pyrénées se trouvaient dans un état de délabrement et de ruine déjà avancé. Plusieurs administrateurs, économistes, ingénieurs ou forestiers, s'en étaient rendu compte et insistaient sur l'urgente nécessité de remédier à cette situation. La loi de 1827 s'était donc préoccupée de l'amélioration des forêts existantes, mais la question de leur extension par le reboisement ne se posait pas encore.

En 1840, retentit au fond des Alpes, un cri d'alarme qui réveilla soudain l'opinion publique. « Un jeune « ingénieur, Surell, nous dit Demontzey (1), origi- « naire d'une des contrées les plus forestières, de la « Lorraine, venait de publier sous les auspices de

1. Demontzey. *Extinction des Torrents en France par le Reboise-ment.*

« Dufaure, alors ministre des Travaux Publics, son
« *Étude sur les Torrents des Hautes-Alpes* où le
« plus chaud patriotisme, les idées économiques les
« plus élevées et l'indépendance de caractère la plus
« noble s'allient à l'analyse la plus rigoureuse, à l'ob-
« servation la plus nette, aux solutions les plus
« vraies. »

Surell s'était rendu compte du rôle de la forêt sur
la montagne, et de l'obligation impérieuse qui in-
combait aux pouvoirs publics de la rétablir autant
que possible là où elle avait disparu.

« De la présence des forêts sur les montagnes, dit-
« il, dépend l'existence des cultures et la vie de la
« population.

« Ici, le boisement n'est plus, comme dans les plai-
« nes, une simple question de convenance : *C'est une
« œuvre de salut, une question d'être ou de n'être pas.*

« Il est donc urgent de rappeler les forêts sur les
« montagnes puisque ces pays n'existent que par
« elles et qu'en définitive il faut bien qu'il y en ait
« quelque part, les plaines elles-mêmes ne pouvant
« s'en passer qu'autant qu'elles en trouvent à portée
« dans les régions voisines (1). »

Insistant sur la nécessité de grands travaux de reboisement, il résume en quelques lignes tout le profit qui en résulterait pour chacune de ces régions et
pour la nation tout entière.

1. Surell. *Étude sur les torrents des Hautes-Alpes.*

« On verra, dit-il, dans ces travaux de reboisement,
« une entreprise d'un caractère tout à fait général,
« applicable à tous les pays de montagne qu'elle
« place dans la condition qui leur convient.

« Voulez-vous maintenant préparer l'avenir de ces
« régions en venant en aide à leurs conditions natu-
« relles ? Commencez par les reboiser, car, avant
« toute chose, il y faut assurer l'existence des popu-
« lations, en fixant à l'aide de forêts le sol qui fuit
« de toutes parts.

« Alors l'industrie y accourra comme dans sa terre
« promise. La vigoureuse population qu'enfante l'air
« des montagnes, au lieu d'émigrer en détail comme
« aujourd'hui, pullulera dans les vallées et ses bras,
« mis au service de l'agriculture et de l'industrie,
« auront bientôt tiré parti de toutes les ressources
« de la contrée.

« C'est le reboisement seul qui peut ouvrir cette
« ère de régénération ; il est la condition nécessaire
« de toutes les autres améliorations et doit les pré-
« céder toutes, car aucune autre n'est possible sans
« lui.

« Mais quand même votre vue ne se porterait pas
« si loin, quand nous ne verrions dans le reboise-
« ment qu'une œuvre spécialement agricole, sans
« autre but que de protéger les cultures et de tirer
« parti d'un sol qui s'en va, je dis qu'il ne faudrait
« pas moins l'entreprendre.

«Le reboisement se présente alors comme un grand
« travail d'utilité publique, nouveau venu parmi tant
« d'autres plus anciens, parce que la nécessité s'en
« est révélée plus tard, à la suite des longs abus de
« l'homme et de l'usure du sol. »

Cet énergique cri d'alarme fut entendu et le reboisement des montagnes prit dès lors place dans les
préoccupations des pouvoirs publics.

Depuis, diverses lois sont intervenues pour mettre
en pratique les conseils de Surell. Quels en ont été
les résultats dans les Pyrénées? Sont-ils satisfaisants
ou réclament-ils encore certaines modifications?
C'est ce que nous allons maintenant étudier.

CHAPITRE PREMIER

Les lois du 28 juillet 1860 et 8 juin 1864

Vingt ans s'étaient écoulés depuis la publication de
l'ouvrage de Surell, lorsque, en 1860, fut votée, à titre
d'essai, la première loi sur le reboisement des montagnes, dont l'exécution était confiée à l'administration des forêts. Si les événements politiques avaient
retardé l'éclosion de cette loi, ils avaient du moins
permis d'étudier la question d'une façon complète.
L'Académie des Sciences avait chargé l'un de ses
membres les plus célèbres, A. Blanqui, d'une enquête
spéciale ; l'administration des forêts tout en prépa-
rant un projet de loi, avait entrepris sur quelques
points une série d'essais de reboisement ; les conseils
généraux avaient été consultés : la plupart deman-
daient l'intervention rapide d'une loi ; certains même,
parmi lesquels on n'est pas peu surpris de trouver
le conseil général de l'Ariège, votaient des subventions à cet effet. Les administrateurs les plus sérieux,
les économistes les plus compétents attendaient
comme un véritable bienfait le vote de cette loi.

L'Empereur lui-même, présidant le 31 août 1859 la

Commission des Avalanches réunie à Saint-Sauveur, proclamait l'utilité du reboisement.

Ainsi, lorsque la loi du 28 juillet 1860, sur le reboisement des montagnes, fut votée, elle se présentait sous les auspices les plus favorables.

Le Gouvernement se montrait si généreux dans les premiers articles, et les articles suivants entouraient l'intervention de l'État de telles formalités, avant, et de telles restrictions après l'exécution des travaux, qu'aucune opposition n'était à redouter.

L'œuvre marcha avec entrain dès le début. Le service forestier et les administrations départementales allaient la main dans la main à la restauration de la montagne. Les vues étaient larges : 301.266 hectares à reboiser dans les six départements pyrénéens : telles étaient les prévisions statistiques arrêtées en 1859 dont : 68.380 pour l'Aude, 75.000 pour les Pyrénées-Orientales, 59.504 pour l'Ariège, 12.296 pour la Haute-Garonne, 14.518 pour les Hautes-Pyrénées, 71.568 pour les Basses-Pyrénées.

Quelques légères difficultés ne tardèrent pas à surgir ; le programme parut un peu vaste. On sait, d'ailleurs, les prévisions administratives de 1845 l'avaient signalé, qu'un bon enherbement du sol peut, dans certains cas, sinon produire le même effet que la forêt, exercer tout au moins une action modératrice sur le ruissellement. A la loi de 1860 on associe bientôt la loi du 8 juin 1864 ; au reboisement, le gazonnement ; et les travaux continuent avec le même zèle. Mais, d'année en année, bien que l'ardeur du service se maintienne, le concours des administrations départementales se modère sous l'influence des réclamations des pasteurs.

Advint 1870 et, à côté de la catastrophe nationale, l'agitation qui dans les pays de montagne, nous l'avons vu, accompagne toute révolution, vis-à-vis de la question forestière. Il n'en fallait pas davantage pour refroidir encore le zèle des dernières années. On en trouvera la démonstration dans le rapprochement qui va suivre.

Bien qu'on n'eût décrété des périmètres obligatoires que dans les départements des Pyrénées-Orientales, de l'Aude, des Hautes et Basses-Pyrénées, d'importants travaux de reboisement avaient été entrepris simultanément dans la plupart des forêts domaniales des Pyrénées Centrales.

Or, tandis que les reboisements exécutés dans les périmètres, de 1861 à 1874, avaient porté sur 2.693 hectares, ils s'étaient réduits, cette dernière année, à 80 hectares seulement, et les repeuplements, dans les forêts domaniales, avaient à peu près complètement cessé.

Quant aux reboisements facultatifs communaux, qui, durant la même période, représentaient pour les six départements, une dépense de 313.000 francs, soit 21.000 francs par an, ils tombaient en 1874, à 3.600 fr.

Les travaux particuliers de même nature, qui se chiffraient en moyenne par 20.300 francs, se restreignaient à 3.210 francs, et ne portaient plus que sur les deux départements des Pyrénées-Orientales et de l'Aude (1).

1. *Comptes rendus administratifs des travaux exécutés de 1860 à 1874 par application des lois de 1860 et 1864.* Imprimerie nationale.

CHAPITRE II

La Loi du 4 avril 1882
Son application dans la région pyrénéenne
Ce qu'on peut en attendre

Dès 1876 le Gouvernement présentait un nouveau projet. Il aboutit à la loi du 4 avril 1882 sur la restauration et la conservation des terrains en montagne.

La principale innovation de cette loi consistait dans l'application des règles du droit commun aux travaux forestiers déclarés d'utilité publique. C'était là le grand artifice de la loi nouvelle.

Où avait été la pierre d'achoppement des dispositions précédentes ? « Leurs effets, dit Demontzey,
« eussent été tout autres auprès des populations si, au
« lieu de la mise en charge des travaux sur le compte
« des communes et de la confiscation déguisée d'une
« partie de leur propriété, l'État avait pu aborder, fran-
« chement et préalablement, l'acquisition amiable ou
« par expropriation des terrains nécessaires et se pré-
« senter ainsi devant elles avec les garanties les plus
« complètes de justice et de satisfaction légitime des

« intérêts (1). » Grosse illusion ; on le verra plus loin.

En vigueur depuis plus d'un quart de siècle, la loi nouvelle a pu montrer ce qu'on pouvait attendre d'elle. Le but de cette étude est précisément de mettre à jour ses résultats dans les Pyrénées et d'en déduire quelques enseignements pratiques.

Nous passerons en revue aussi rapidement que possible les moyens mis par elle à la disposition du service forestier, d'une part sous forme obligatoire, de l'autre sous forme facultative, et nous mettrons en regard les résultats acquis dans la région qui nous intéresse. Ceci nous amènera tout naturellement, à rechercher, dans les conclusions de ce travail, les modifications et les compléments nécessaires.

I

TRAVAUX ET MESURES OBLIGATOIRES

§ 1. — Travaux de reboisement.

*(Application des articles 2 à 4 de la loi
du 4 avril 1882).*

La restauration des terrains en montagnes peut comporter, s'il y a *danger né et actuel*, la déclaration d'utilité publique et l'expropriation, sauf engagement

---

1. Demontzey. *Extinction des torrents en France par le reboisement.*

des propriétaires du sol d'exécuter eux-mêmes les travaux avec ou sans indemnité (Articles 2 à 4 de la loi du 4 avril 1882).

Nous avons vu que les terrains dégradés au point de constituer un « danger né et actuel » au sens de la loi du 4 avril 1882, sont relativement rares dans la région des Pyrénées et les torrents en activité localisés dans quelques vallées. Comme conséquence les périmètres constitués en application de la loi n'occupent que des superficies très restreintes.

Le tableau ci-après donne la situation actuelle.

Nous laissons de côté dans ce tableau les ouvrages d'art ayant spécialement pour objet la consolidation du sol et la correction proprement dite des torrents qui sont ici hors de cause.

Personne n'ignore, en effet, que la technique de ces travaux et l'expérience acquise permettent au service forestier de conjurer, au moyen de ces ouvrages, les dangers divers qui accompagnent la période d'activité d'un torrent (1). Mais on sait égale-

1. Les corrections du torrent de Rieulet dans les Hautes-Pyrénées, du Laon d'Esbas dans la Haute-Garonne, de Verdun dans l'Ariège, du Rialsesse dans l'Aude en sont la plus éclatante démonstration. On peut en dire autant de la combe de Péguère, en amont de Cauterets. Il n'est pas douteux que les ouvrages en cours d'exécution dans le périmètre de la Tet et sur divers autres points des Pyrénées, où l'action torrentielle est moins active et plus limitée que dans les thalwegs déjà traités, ne donnent également les résultats les plus satisfaisants.

ment que les travaux de l'espèce doivent être considérés comme expédients de circonstance et que les effets définitifs doivent être demandés au boisement des bassins de réception. C'est en raison de l'importance primordiale et définitive de cette occupation du sol par la végétation forestière que nous n'avons fait état, dans le tableau suivant, que des travaux qui s'y rapportent.

TABLEAU

des périmètres obligatoires des travaux de reboisement dans la région pyrénéenne en janvier 1909 (1).

DÉPARTEMENTS	CONSISTANCE DES PÉRIMÈTRES			RÉSULTAT DES TRAVAUX TERRAINS			
	Contenance d'après les projets révisés ou les lois	Terrains à l'État	Terrains restant à acquérir	Naturellement boisés	Parcourus par des travaux de reboisement	A reboiser	Non susceptibles de reboisement
Ariège..........	1.804	1.543	261	278	714	494	57
Aude.............	24.533	6.838	17.695	1.676	3.122	2.040	»
Haute-Garonne..	2.619	1.338	1.281	1.152	180	366	11
Htes-Pyrénées...	2.123	843	1.280	200	569	18	56
Pyrénées-Orient.	9.124	3.781	5.343	546	2.057	967	211
	40.203	14.343	25.860	3.852	6.642	3.885	335

1. E. Loze. Communication déjà citée à l'A. F. A. S.

Les prévisions de 1859 entrevoyaient le reboisement de 301.000 hectares.

On évalue à 1.388.000 hectares la superficie totale de la zone montagneuse de la région pyrénéenne, dont 362.000 hectares seraient boisés. Sur les 1.026.000 hectares restants, 366.000 formeraient le territoire agricole et 660.000 hectares seraient à l'état de vacants, pâtures et rochers.

Si de cette statistique on rapproche les données du tableau qui précède on constate :

1° Que la superficie totale des terrains périmétrés atteint à peine 3 % de la contenance totale de la zone montagneuse ;

2° Que, de la superficie périmétrée, 35 % sont actuellement entre les mains de l'État ;

3° Que, sur l'ensemble de ces mêmes terrains, 6.900 hectares, soit 18 %, ont été parcourus par des travaux de reboisement dont les 4/5 peuvent être considérés comme définitifs.

Plusieurs réflexions se présentent naturellement à l'esprit en présence de ces constatations.

Après avoir reconnu et déclaré la nécessité d'englober dans les périmètres une superficie de 40.000 hectares sur 1.388.000 hectares, après avoir d'abord acquis, par expropriation ou amiablement, environ le tiers de cette superficie, pourquoi ne pas user du procédé coercitif que la loi a mis aux mains de l'administration ? Espère-t-on, après vingt-cinq années d'attente, acquérir le reste par voie amiable ou voir exécuter les travaux par les propriétaires des terrains périmétrés ?

Certains particuliers vendront bien de temps en temps amiablement à l'État quelques parcelles ; mais les terrains communaux de quelque importance, qui entrent pour la plus large part dans les périmètres, compter que les propriétaires consentiront à les céder de leur plein gré ou exécuteront eux-mêmes les travaux imposés serait se faire étrangement illusion.

Si la loi nous paraît critiquable, la réserve avec laquelle elle est appliquée ne l'est pas moins.

Cependant, on se le demande, que peut faire une administration, abandonnée à ses propres forces quand elle n'est pas ouvertement combattue, en présence de résistances opiniâtres soutenues par ceux-là même qui, dans l'intérêt général, devraient s'employer à les réduire ?

Et la loi elle-même, n'a-t-elle pas imprudemment escompté l'appât des indemnités d'expropriation, comme le moyen le meilleur de venir à bout de ces résistances ?

A-t-on bien réfléchi aux circonstances diverses qui différencient l'expropriation, pour cause d'utilité publique, de terrains pastoraux à jouissance collective, d'avec l'expropriation de quelques parcelles de terrains particuliers ?

Il nous suffira d'en signaler deux :

D'abord l'importance capitale que donne à un pâturage quelconque sa situation par rapport à tel ou tel groupe de la collectivité, lequel en jouit tout spécialement. Est-il admissible, que ce groupe, hameau ou village, se laisse exproprier sans protester, quand il verra ses voisins d'en face continuer de jouir paisiblement des terrains en meilleur état situés dans leur quartier? D'un autre côté, n'est-ce pas méconnaître l'esprit d'une population rurale que de croire l'indemniser des restrictions qu'elle subira individuellement par des indemnités qui seront versées à la caisse communale?

En tout cas, la dépossession définitive est une conception à laquelle le montagnard ne se fera jamais.

Sous l'empire de la loi de 1860, la mainmise de l'État n'était que temporaire et conditionnelle. Le propriétaire du fonds pouvait obtenir sa réintégration, tout au moins partielle, en remboursant à l'État ses dépenses ou lui abandonnant la moitié de sa propriété.

Ici rien de semblable: Le terrain exproprié est définitivement acquis à l'État. Les intéressés n'acceptent pas cette perspective.

A ce point de vue, la conception de la loi de 1882 ne semble pas avoir réalisé un progrès sur celle des lois de 1860 et 1864 : pas plus, d'ailleurs, au point de vue des charges imposées à l'État.

Quoi qu'il en soit, de l'exposé qui précède il ressort assez nettement que, en tant que reboisement, l'application des articles 2 à 4 de la loi du 4 avril 1882 n'a porté effectivement, en vingt-cinq ans, que sur des superficies extrêmement restreintes et que, des travaux ainsi effectués, on ne saurait attendre, au point de vue de la régularisation du régime hydrologique, que des effets locaux, fort intéressants assurément, mais trop restreints pour influencer les grands cours d'eau ou l'approvisionnement de houille blanche.

§ 2. — De la mise en défends.

(Application des articles 7 à 11 de la loi du 4 avril 1882)

La perspective de voir transformer en bois des vacants abandonnés de temps immémorial à la libre dépaissance, si dégradés qu'ils soient, surexcite l'indépendance traditionnelle du pasteur. Mais il ne faudrait pas croire que sa résistance vienne surtout de la crainte de voir diminuer le *rendement* de son domaine. C'est si vrai, qu'il fait la même opposition irraisonnée à la dépossession de tout terrain, qu'il soit enherbé ou complètement nu et improductif.

Ce qui l'exaspère c'est la restriction, la gêne apportée à ses habitudes traditionnelles ; c'est le détournement du troupeau de sa pérégrination accoutumée ;

c'est enfin l'obligation d'exercer une surveillance effective sur des animaux que jusqu'ici il suivait de loin ou point du tout dans la libre montagne.

A ce point de vue la mise en défends provoque la même gêne que le reboisement proprement dit. Cette gêne ne sera, il est vrai, que momentanée ; elle prendra fin quand le vacant sera restauré. Mais le bon montagnard n'entre pas dans ces considérations et, d'ailleurs, la restriction du moment n'en est pas atténuée. Sa résistance sera donc la même.

Quant aux effets de la mesure ils seront bien différents, soit comme intensité, soit comme durée, au point de vue de la consolidation définitive du sol et du régime des eaux, en d'autres termes au point de vue de l'utilité publique.

C'est évidemment la raison qui a déterminé l'administration à ne pas appliquer cette mesure dans les Pyrénées, bien que les terrains abondent où elle aurait rendu de réels services. En présence des résistances opposées au reboisement, elle n'a pas voulu risquer l'application d'une mesure en butte aux mêmes difficultés pour une amélioration d'ordre plutôt local et en tout cas essentiellement temporaire.

§ 3. — De la réglementation des pâturages.

(Application des articles 12 à 15 de la loi du 4 avril 1882).

La troisième mesure édictée par la loi en vue de la restauration de la montagne c'est l'obligation imposée aux communes touchées par les périmètres de restauration ou de mise en défends, de réglementer, sous le contrôle du préfet, la dépaissance sur les terrains communaux soumis au pacage.

Pour quiconque raisonne, une bonne réglementation est pour la dépaissance ce qu'un assolement rationnel est en agriculture générale. Elle doit assurer la conservation du sol et accroître sa production; à ce double titre, elle est le corollaire rationnel et obligatoire des dispositions coercitives que nous avons déjà passées en revue.

Mais le pasteur est réfractaire à ces considérations. Nous avons déjà dit que ce qui le préoccupe, c'est la restriction, c'est l'étranger venant mettre le nez dans sa montagne.

Étant donné cette disposition d'esprit, comment lui faire admettre que, déjà gêné par l'implantation d'un périmètre de restauration ou de mise en défends, il devra en plus soumettre ses vacants à une réglementation et à un contrôle qui n'existera que pour lui.

Il ne manquera pas de remarquer, d'ailleurs, que la déclaration d'un périmètre obligatoire n'implique, en aucune façon, que les pâturages situés sur le même territoire communal soient plus dégradés que ceux des autres territoires du même bassin ou des bassins limitrophes; que, dès lors, lui imposer, en supplément du périmètre obligatoire déjà restrictif de sa jouissance, une réglementation spéciale qui la réduira encore, tout au moins momentanément, est un abus de pouvoir auquel il ne saurait se soumettre.

Voilà pourquoi la réglementation de la dépaissance est, comme la mise en défends obligatoire, demeurée lettre morte dans la région des Pyrénées.

II

TRAVAUX FACULTATIFS

(Application de l'article 5 de la loi du 4 avril 1882)

La loi du 4 avril 1882 ne s'est pas contentée d'imposer, sous forme obligatoire, les mesures jugées les plus propres à assurer la restauration de la montagne, elle a aussi mis à la disposition des communes, associations pastorales, fruitières, établissements publics et même des particuliers, des subventions spéciales à raison des travaux qu'ils pourraient entreprendre pour l'amélioration, la consolidation du sol et la mise en valeur des pâturages.

D'après l'énoncé qui précède les subventions facultatives s'appliquent soit à des travaux entrepris spécialement en vue de la consolidation du sol, soit à des travaux ayant pour objet la mise en valeur des pâturages, soit enfin à des associations organisées en vue de l'utilisation des produits de ces derniers.

Nous passerons successivement en revue ces trois formes de l'intervention administrative dans l'œuvre de la restauration des Pyrénées.

§ 1. — **Travaux de restauration proprement dits.**

Le principe de l'allocation par l'État de subventions pour travaux facultatifs remonte à la loi du 28 juillet 1860. Ces subventions, consistant tout spécialement en délivrances de plants dans les pépinières centrales créées à cet effet, jouirent dès le début d'une certaine faveur, surtout auprès des particuliers.

Les assemblées départementales elles-mêmes n'y demeurèrent pas indifférentes; elles s'associèrent à l'œuvre de l'État.

Le Conseil général de la Haute-Garonne notamment attribuait aux communes qui entreprendraient quelques travaux de reboisement des subventions en argent qui s'élevaient jusqu'à 1.000 francs par an.

Sous l'influence des désastres qui désolèrent le bassin de la Garonne en 1875, cette subvention annuelle fut portée à 3.000 francs pour l'exercice 1876 (1).

Elle retombe ensuite à 1.000 francs en 1877 et 1878 pour se relever à 1.500 francs en 1879 et à 2.000 fr. pour les années suivantes jusqu'à ce jour (2).

Les travaux accomplis à l'aide de ces subventions du département et avec le concours de l'État et des intéressés ont eu spécialement pour objet la consolidation du sol, l'endiguement de ravins, la préservation de lieux habités contre les avalanches, la mise en valeur de quelques parcelles. Ils ont porté sur des terrains communaux ou particuliers. Ils sont assurément très intéressants, mais le reboisement y est tellement accessoire, et, d'ailleurs, si restreint en étendue, qu'il ne doit pas entrer en ligne de compte.

Le département de l'Aude est le seul des six dépar-

1. Voici comment s'exprimait le rapporteur du Conseil général dans la séance du 18 août 1875 : « Les affreux malheurs dont nous venons d'être les témoins attristés, donnent à la question du reboisement des montagnes et du gazonnement un grand intérêt d'actualité. Il est absolument incontestable qu'aucun des moyens qui peuvent être indiqués et pratiqués pour diminuer la gravité des inondations n'offre une pareille efficacité et j'ai constaté par moi-même, sur la partie des Pyrénées que j'habite, que malgré la durée et l'intensité de la pluie, pas un seul ravin ne s'était formé sur les points récemment reboisés. Les érosions ne se sont produites que sur les parties de montagnes où la désagrégation des terres était rendue facile par l'absence de toute végétation. »

2. Procès-verbaux des séances du Conseil général de la Haute-Garonne, années 1860 à 1909.

tements pyrénéens dans lequel les travaux communaux aient pris une importance qui mérite d'être signalée, importance qui aurait tendance à augmenter, pour des raisons inhérentes spécialement à cette région (1).

Les reboisements de cette catégorie, qui, de 1861 à 1874, avaient porté sur 1.506 hectares, s'étendent aujourd'hui à 3.029 hectares dans ce département, tandis qu'ils ont à peine atteint le tiers de cette superficie dans les cinq autres, au cours de la première période et sont tombés à rien ou à peu près depuis 1875.

Les reboisements particuliers, de leur côté, se signalaient au début par leur nombre, environ 700 dans l'Ariège, par leur étendue, un millier d'hectares dans les Pyrénées-Orientales. Mais depuis cette époque, la participation des particuliers aux subventions de l'État, a complètement cessé dans le premier de ces départements et s'est considérablement ralentie dans le second. Il paraîtrait néanmoins que des reboisements assez importants, en châtaigniers notamment, auraient été exécutés dans les Albères.

En somme, les travaux de reboisement facultatifs provoqués par les lois sur la restauration des mon-

---

1. Durant les années de crise que les pays viticoles viennent de traverser, diverses communes de l'Aube ont cherché dans les reboisements un moyen de donner, durant l'hiver, du travail aux ouvriers.

tagnes ont à peine atteint, dans les six départements pyrénéens :

    3.700 hectares sur terrains communaux.

    3.000 hectares sur terrains particuliers.

soit 6.700 hectares environ au total (1).

Localisés sur les territoires d'un certain nombre de communes, ces travaux ont donné, généralement, de bons résultats au point de vue des intérêts locaux. Ils s'ajoutent aux travaux obligatoires dont il a été parlé, mais il y a encore bien loin de ces petites cicatrisations locales, à l'œuvre générale que comporterait l'intérêt public.

A l'occasion de ces travaux communaux facultatifs, une remarque s'impose. Bien qu'ils soient conçus et exécutés par le service des Eaux et Forêts, ils échappent, le plus souvent, une fois accomplis, à l'action de ce service. Ceux-là, seuls, sont de plein droit soumis au régime forestier, qui ont participé aux subventions de l'État.

Or, bon nombre de communes, pour échapper à

---

1. Cette statistique se rapporte exclusivement à l'application des lois de 1860 et 1882. Elle ne comprend pas les reboisements exécutés par divers particuliers avec leurs propres ressources ou à l'aide de plants délivrés à bas prix sur les excédents de quelques pépinières domaniales. Les travaux de l'espèce échappent à tout contrôle ; on n'a aucune donnée sur leur étendue.

cette sujétion, renoncent à ces libéralités et imposent, comme condition de leur acquiescement, cette clause que les travaux seront exclusivement accomplis avec leurs propres ressources et celles du département.

De là cette conséquence que, une fois accomplis, ces travaux sont livrés à l'arbitraire de la commune : On a vu dans un cas récent un reboisement contre les avalanches, exécuté à la demande d'une municipalité (Cazarilh-de-Luchon) et avec son concours, détruit avec l'assentiment tacite de l'administration municipale, par quelques propriétaires de troupeaux qu'indisposait une mise en défends remontant à neuf années.

§ 2. — Mise en valeur des pâturages.

De même que les reboisements facultatifs communaux se sont particulièrement développés dans l'Aude, les travaux d'amélioration pastorale ont eu leur siège principal dans les départements de l'Ariège et de la Haute-Garonne. Les conseils généraux de ces deux départements qui, dès le début, les avaient puissamment encouragés, leur attribuent encore des subventions annuelles.

Dans les deux départements les travaux remontent à 1874 et 1884.

Dans la Haute-Garonne (1) les subventions départementales s'élèvent :

En 1874 et 1875 à	7.000 fr.
De 1876 à 1883, à 3.000 francs par an .	24.000 —
En 1884 à	4.000 —
De 1885 à 1907 elles varient de 1.500 à 2.000 francs, ci.	40.000 —
	75.000 fr.

1. Voici comment s'exprimait son rapporteur dans la séance du 31 août 1876 : « En accordant généreusement une allocation à la fruitière de Bagnères-de-Luchon et en favorisant exclusivement en apparence, les profits d'une association pastorale, vous avez hâté, en réalité, l'accomplissement d'une révolution économique, dont les effets commencent déjà à se faire sentir.

« Les communes, en effet, propriétaires de vastes pâturages qui les entourent, livraient et livrent encore, à l'exception du périmètre de Luchon, au caprice de leurs habitants, des pâturages communaux d'une étendue considérable.

« Ces pâturages abandonnés sans soin et sans surveillance, suffisant à peine à la nourriture des animaux, les jeunes pousses des forêts voisines devenaient victimes de la pénurie des pâturages et l'herbe et les forêts dépérissaient. Aussi en 1864, la sollicitude du législateur fut-elle mise en éveil, et des lois tutélaires, en réglementant les périmètres des reboisement-gazonnement de nos montagnes, eurent pour mobile de faire disparaître les abus séculaires qui frappaient de stérilité de vastes étendues.

« Mais pour engager les communes à soumettre leurs communaux au régime forestier et à se placer, quant à la libre disposition de leurs pâturages, sous la tutelle de l'administration centrale, il leur faut une séduction ; il leur faut montrer les avantages qui doivent profiter à

Il est à noter toutefois que, en dehors de quelques améliorations pastorales exécutées, au début, sur le périmètre annexe de la fruitière de Luchon, la plupart de ces crédits ont été affectés à l'installation de cet établissement ou de fruitières permanentes créées postérieurement.

Dans le département de l'Ariège, au contraire, les subventions départementales ci-après énumérées s'appliquent spécialement à des améliorations pastorales proprement dites savoir :

De 1884 à 1889 à raison de 1.000 francs par an	6.000 fr.
De 1890 à 1893 à raison de 5.000 francs par an	20.000 —
De 1894 à 1898 à raison de 2.500 francs par an	12.500 —
En 1899.	2.400 —
De 1900 à 1907 à raison de 2.500 francs par an	20.000 —
soit au total	60.900 fr.

leurs habitants, et la réalité leur apparaissant sous la forme séduisante du lucre, il intervient entre l'État et la commune un véritable contrat synallagmatique, par lequel la commune livre au pâturage réglementé, sous la surveillance de l'administration et avec le concours pécuniaire de l'État, une étendue délimitée de son territoire qui prend le nom de périmètre de reboisement-gazonnement. »

sans compter un crédit annuel de 1.200 francs, affecté, le cas échéant, depuis quelques années, à des créations fruitières nouvelles, rarement employé, d'ailleurs, en totalité.

Avant d'aborder le compte rendu sommaire, par nature de travaux, de l'emploi de ces fonds, auxquels viennent s'ajouter les contributions des intéressés et de larges subventions de l'État, nous compléterons par une courte revue rétrospective ce que nous avons déjà dit du pastorat dans la région pyrénéenne.

Sa caractéristique c'est « l'exploitation désordonnée des vastes terrains soumis à la jouissance collective des habitants ». Autant le petit cultivateur est soigneux de son propre domaine, autant il abuse du bien commun. Selon une expression très juste empruntée à un forestier distingué, « il semble que chacun ait hâte d'en jouir ne serait-ce que pour empêcher le voisin d'en tirer plus de profit que soi (1) ».

Naturellement un pareil régime essentiellement extensif n'admet de restrictions ni dans le nombre des animaux ni dans l'étendue du parcours, et, en fait, s'il existe quelque règlement communal, il n'aborde jamais ces deux questions capitales dans toute réglementation rationnelle. De là un obstacle insurmontable et, comme conséquence, la dégradation progressive de la montagne.

1. Ch. Guyot. Communication au Sud-Ouest navigable, 1904.

Mesurant après les premiers essais, les difficultés qu'allait rencontrer l'application des mesures obligatoires que les lois de 1860 et, plus tard, de 1862, lui mettaient en mains, le service forestier, ce service qu'on s'est plu à représenter comme *envahissant*, espéra amener progressivement les populations à une juste compréhension de leurs intérêts fondamentaux par une autre voie.

Il y fut d'ailleurs encouragé par les adhésions enthousiastes dont témoignent les citations que nous avons empruntées aux délibérations du Conseil général de la Haute-Garonne et par de larges subventions de l'État.

Il n'ignorait pas assurément que, en économie pastorale, la réglementation doit servir de base à tous travaux d'amélioration et par conséquent les précéder ou tout au moins les accompagner. Laissant de côté ce principe fondamental, il aborda la question d'une autre manière : on fit de la tactique ; on en fait encore.

Démontrer aux collectivités qui, à titre de propriétaires ou d'usagers, exercent la dépaissance sur les pâtures ou vacants : 1° Les avantages qu'elles pourraient retirer, au double point de vue du rendement et de la qualité des herbages, de travaux d'amélioration exécutés avec discernement sur des terrains sinon complètement dégradés tout au moins très peu productifs ;

2° L'intérêt que présente la manipulation rationnelle du lait de leurs vaches, jusque-là mal utilisé dans les centres éloignés de tout débouché rémunérateur ; les amener ainsi progressivement à modifier l'économie agricole et pastorale de la région ;

Telle fut la conception très plausible en principe, sinon très rationnelle, de l'administration.

Les règlements de pâturages s'imposeraient d'eux-mêmes après ces démonstrations.

Travaux d'améliorations pastorales et créations de fruitières furent donc menés de front. Ils commencèrent en 1874 et se sont continués depuis sans grandes intermittences.

Le moment n'est pas mal choisi, après trente-six années d'essais, dans lesquels les montagnards de la Haute-Garonne et de l'Ariège ont vu exécuter ou exécuté eux-mêmes toute la gamme des travaux que comporte l'amélioration des pâturages, depuis l'irrigation jusqu'au simple épierrement et l'épandage d'engrais animaux ou chimiques, pour jeter un coup d'œil en arrière.

Mais, auparavant, quelques précisions sont nécessaires.

Envisagés au point de vue de leurs effets, les travaux d'améliorations pastorales sont de deux sortes : Les uns intéressent directement la production ; ils doivent être considérés comme travaux *principaux*. Ce sont les écobuages, épierrements, distribution d'engrais, ensemencement des graines, drainages, irrigations ; les autres qui n'ont pour objet que de faciliter l'accès ou le séjour au pâturage, tels que chemins, abris, ne sont en somme que des travaux *auxiliaires*.

La classification est tout autre au point de vue de leur application. Parmi les premiers il en est qui s'exécutent sans entraver la jouissance coutumière ; d'autres, au contraire, tels que les ensemencements de graines fourragères, les épandages d'engrais, les irrigations, comportent une restriction momentanée qui se traduit par une mise en défense temporaire.

Néanmoins, tout d'abord, les uns et les autres marchèrent de pair sans soulever de trop vives réclamations et même avec un certain concours des intéressés sous forme de prestations volontaires. L'expérience se faisait donc dans les conditions les plus favorables et les résultats furent dans la première période des plus satisfaisants.

« J'eus l'occasion, dit M. E. Loze, Conservateur des Eaux et Forêts à Toulouse, en maintes circonstances, de visiter bon nombre de ces travaux au fur et à mesure de leur exécution et constatai, particulièrement en fait d'irrigation, des résultats vraiment merveilleux. »

Eh bien ! de tous ces travaux quelques-uns se sont implantés dans les habitudes locales et se pratiquent encore à la condition d'être largement subventionnés ; ce sont ceux qui s'exécutent sans occasionner aucune gène aux pasteurs, tels que : réparations de chemins, débroussaillement et écobuages, constructions d'abreuvoirs ou d'abris pour les pâtres. La main-d'œuvre locale y trouve un emploi bien rémunéré et l'éleveur des voies d'accès moins scabreuses pour ses bestiaux et des gîtes sortables pour ses pâtres.

Quant aux autres, tels que gazonnements, irrigations, épandages de fumier, ceux en somme qui constituent une amélioration culturale effective, un accroissement réel de la production herbagère, non seulement ils n'ont pas été poursuivis, mais c'est à peine croyable, les mêmes mains qui, moyennant salaire, avaient installé bassins, canaux et rigoles d'arrosage les ont systématiquement détruits.

Le tableau suivant donnera une idée assez précise de l'importance de cette œuvre durant chacune des deux périodes 1874-1896, 1897-1907 et de son *orientation nettement caractérisée vers les travaux qui ne comportent aucune restriction de jouissance*, durant la dernière de ces périodes.

Travaux d'améliorations pastorales exécutés dans la 18ᵉ Conservation de 1874 à 1907 (1)

| CRÉDITS EN NATURE OU EN ARGENT ALLOUÉS PAR | | | | SOMMES AFFECTÉES AUX | | | | | | | |
L'État	Les départe-ments	Les communes ou les intéressés	Totaux	Irrigations et drainages	Autres travaux culturaux	Abreu-voirs	Ecobuages et débrous-saillement	Baraques et abris	Chemins neufs ou réparés	Frais divers	Sommes restées sans emploi
Première période 1874-1896.											
Département de l'Ariège.											
84.693 16	29.460 »	16.733 50	130.886 66	30.718 79	33.971 42	1.580 31	26.749 15	20.131 59	7.556 81	6.613 59	3.565 »
Département de la Haute-Garonne.											
4.815 40	4.306 73	3.425 45	12.547 58	4.010 10	»	850 72	3.283 55	»	3.051 46	1.351 75	»
89.508 56	33.766 78	20.158 95	143.434 24	34.728 89	33.971 42	2.431 03	30.032 70	20.131 59	10.608 27	7.965 34	2.565 »

68.700 31

(1) E. Loze. Communication déjà citée à l'A. F. A. S.

Travaux d'améliorations pastorales exécutés dans la 18ᵉ Conservation de 1874 à 1907 (1) (*suite*)

CRÉDITS EN NATURE OU EN ARGENT ALLOUÉS PAR				SOMMES AFFECTÉES AUX							
L'État	Les départe-ments	Les communes ou les intéressés	Totaux	Irrigations et drainages	Autres travaux culturaux	Abreu-voirs	Ecobuages et débrous-saillement	Baraques et abris	Chemins neufs ou réparés	Frais divers	Sommes restées sans emploi
Deuxième période 1897-1907.											
Département de l'Ariège.											
10.703 50	31.044 25	36.220 35	77.968 10	2.445 60	»	4.926 85	13.707 40	15.243 »	40.085 25	1.560 »	»
Département de la Haute-Garonne.											
32.688 60	»	18.995 50	51.684 10	150 »	750 »	7.073 75	600 »	2.984 »	37.696 »	2.430 35	»
43.392 10	31.044 25	55.215 85	129.652 20	2.595 60	750 »	12.000 60	14.307 40	18.227 »	77.781 25	3.990 35	»

3 345 60

(1) E. Loze. Communication déjà cité à l'A. F. A. S.

Dans la stupéfiante éclosion de bonnes volontés que suscite l'idée de restauration de la montagne, nous entendons prôner chaque jour la « leçon de choses » comme une voie nouvelle qui doit nous conduire au succès. Certaines personnalités, animées assurément des meilleures intentions, mais qui paraissent peu versées dans les questions de ce genre, amorcent, comme nouveautés, des tentatives que l'administration poursuit depuis trente-cinq ans.

Vaut-il vraiment bien la peine de recommencer indéfiniment les mêmes expériences? Le public est fort ignorant en ces matières; il est facile de le leurrer de perspectives dont il ne verra jamais la réalisation.

L'examen des données du tableau qui précède le démontre, à notre avis, surabondamment; il suffit de comparer la nature des travaux exécutés avant et après 1896.

D'un côté, ouvrages de toutes sortes et principalement travaux fondamentaux de nature à transformer le vacant stérile en pâture productive; de l'autre, restriction progressive de l'œuvre de mise en valeur du fonds, au profit de travaux auxiliaires, d'un intérêt réel, c'est certain, mais secondaire. Le chemin absorbe presque tout. Le reste est consacré aux écobuages et débroussaillements qui jouissent encore d'une faveur relative, probablement parce qu'ils rappellent les incendies et défrichements ataviques et arrêtent net l'extension naturelle de la forêt.

Que conclure de cette constatation sinon que, après vingt ans de consciencieuses expériences, on a rétrogradé et on rétrograde de plus en plus.

Demandez au montagnard pyrénéen, témoin des succès obtenus par l'irrigation, pourquoi il se refuse obstinément à la propager. Il ne vous dira pas que la gêne momentanée et le petit assujettissement qu'elle impose aux intéressés sont autant d'obstacles insurmontables. Il vous répondra tout simplement qu'il pleut suffisamment sur les Pyrénées.

Or, il ne se passe guère d'années sans que diverses communes de la montagne, prenant pied sur des sécheresses trop souvent réelles, ne sollicitent l'ouverture au parcours, à titre exceptionnel, de tel ou tel quartier de forêt, voisin de ses vacants. Il semble vraiment que le pasteur ne regarde jamais le sol dont il a la jouissance, hypnotisé qu'il est par celui qui lui est interdit.

Quoi qu'il en soit, pour quiconque examinera sans parti pris, dans sa conception et dans ses résultats, la tentative poursuivie depuis trente-six ans par l'administration, le zèle, le dévouement, l'ingéniosité du personnel forestier, la portée et l'importance des encouragements prodigués par les conseils généraux et par l'État, il sera nettement démontré qu'*il n'y a pas à compter*, en matière d'améliorations fondamentales et de mise en production du sol, nous ne disons pas sur l'initiative, mais même sur l'acquiescement des principaux intéressés.

§ 3. — Fruitières.

Concurremment avec les essais de culture dont nous venons de rendre compte, le service forestier avait escompté, en vue de la restauration des pâturages de montagne, l'institution de fruitières.

En donnant au lait de vache une valeur industrielle qu'il n'avait pas auparavant, on espérait que les éleveurs seraient d'eux-mêmes amenés à accroître leur production. Et comme le grand facteur de la production laitière réside dans une alimentation abondante et appropriée, la conséquence venait de soi. Or, voici ce qui est arrivé.

Sur des vacants livrés à eux-mêmes sans soins ni restitutions quelconques, tondus souvent dès le premier printemps par le passage des moutons, l'herbage est peu abondant en été, et, sur certains sols, peu substantiel. La vache qui arrive en lait dans ce pâturage, passant presque sans transition d'une stabulation permanente, qui a duré tout l'hiver, au plein air de la montagne, réussit à peu près à nourrir son veau tant bien que mal. Mais dès qu'on le lui enlève sa production diminue rapidement.

D'un autre côté, l'utilisation du lait en montagne comporte des soins et un personnel qui se traduisent par des frais relativement élevés.

Mince produit d'un côté, augmentation de dépenses de l'autre, si on ajoute les accidents, conséquence inévitable de la configuration du sol et des intempéries, on voit d'ici les résultats. Les fruitières d'été ont toutes périclité rapidement et disparu.

Par contre les fruitières permanentes ou mieux les entreprises particulières de manipulation en commun de la production laitière des hautes vallées, ont pris, récemment, après une stagnation d'une vingine d'années, un essor extraordinaire. Les avantages d'une alimentation abondante et rationnelle que les éleveurs auraient pu retirer de l'amélioration de leurs vacants de montagne, ils les ont constatés à domicile et cette constatation a déjà amené une modification avantageuse dans la culture de leurs domaines privés.

Peut-on raisonnablement espérer que, de proche en proche, une amélioration correspondante gagnera le domaine collectif? On pourrait le croire.

Mais quand on envisage la ténacité des préjugés auxquels on se heurte, aujourd'hui comme au premier jour, on se demande si la restauration rêvée ne sera pas ajournée au siècle prochain. Faudra-t-il donc attendre que la montagne se reconstitue d'elle-même, par ses propres ressources, quand la misère et le courant qui entraînent les ruraux vers la ville auront décimé cette brave population, rude et intelligente quand même, mais aveuglée par un atavisme irréductible?

QUATRIÈME PARTIE

CONCLUSIONS

Si, sur les 3.126.000 hectares des régions pyrénéenne et sous-pyrénéenne envisagées, il était possible de répartir selon une conception rationnelle les 570.000 hectares de bois et les 670.000 hectares de pâtures, vacants et rochers actuellement existants, sans empiétement aucun des premiers sur les seconds, on améliorerait déjà considérablement par le fait de cette simple répartition, la situation actuelle.

Il existe en effet une corrélation intime entre l'état climatérique d'une région montagneuse, le maintien des terres, la production herbagère, et la distribution des bois et vacants sur ce même territoire.

Il n'est malheureusement au pouvoir de personne de réaliser un pareil idéal. Force est donc de tirer le meilleur parti de la situation existante, dans l'ordre d'idées où nous nous sommes placé, et dans la limite des entraves inhérentes aux nécessités locales.

On sait maintenant ce qu'on peut attendre des

mesures coercitives mises à la disposition de l'Administration par la loi de 1882.

L'œuvre des périmètres obligatoires, déjà trop localisée par la loi elle-même pour exercer une action sensible sur les intérêts généraux des bassins sous-pyrénéens, n'a, jusqu'à ce jour, été l'objet que d'applications partielles, en ce qui concerne les expropriations, et infimes comme reboisement. Il semblerait que, satisfaite de quelques résultats locaux assurément très remarquables, l'Administration appréhende d'user de l'instrument qui lui a été mis en main. Comment pourrait-elle agir autrement si, trop souvent, ceux-là même qui font les lois sont les premiers à en appréhender l'exécution. Cédant, pour la mise en scène, à la pression de l'opinion publique, on prône la restauration des montagnes qu'on entrave ensuite sous l'impulsion des résistances locales.

Le moment ne paraît pas venu de modifier, à cet égard, la loi de 1882. Mieux vaut en poursuivre l'application telle quelle. Quand les périmètres décrétés seront complètement restaurés, on verra s'il y a lieu de donner aux travaux obligatoires une plus grande extension.

Malheureusement l'expérience plus que trentenaire que nous avons rappelée plus haut ne permet guère de compter davantage sur l'intervention facultative des populations de la montagne en matière soit de reboisement soit d'améliorations pastorales.

On se trouve donc en présence d'une situation plutôt fâcheuse. Ce n'est point une raison pour abandonner la partie. C'est ce que nous allons tâcher de démontrer.

Mais auparavant une observation intéressante trouve ici sa place.

Lorsqu'on jette un coup d'œil sur les mesures législatives les plus récentes, en matière forestière, on est surpris, alors qu'on n'entend parler que de protection des forêts existantes et boisements extensifs, de trouver, presque au seuil des projets nombreux dont le Parlement est actuellement saisi, des dispositions très récentes qui semblent s'écarter quelque peu de cette orientation générale. Nous voulons parler des lois des 21 juin 1898, 18 juillet et 31 décembre 1906.

Les deux premières ont pour objet, l'abrogation de certaines mesures protectrices de la forêt et, d'une manière générale, l'abaissement des pénalités en matière forestière aussi bien pour les bois des particuliers que pour les bois soumis au régime forestier. La troisième, conçue en vue de simplifier les poursuites et de réduire les frais à la charge des délinquants, abaisse d'un degré la juridiction appelée à connaître des simples contraventions en matière forestière : elles étaient déférées au Tribunal correctionnel comme tous les autres délits forestiers ; elles descendent à la compétence des juges de paix.

Ces mesures de bienveillance rentrent-elles dans

le cadre de protection que tout le monde réclame pour la forêt? Sont-elles seulement justifiées par les rigueurs exceptionnelles de la loi forestière? Il semble que, en présence du droit de transaction très étendu conféré à l'Administration des forêts par la loi du 18 juin 1859, ces dispositions affaibliraient la répression dans les forêts soumises au régime forestier sans utilité pour les délinquants vraiment dignes d'intérêt. Quant aux bois non soumis la répression y est généralement difficile et rare ; les dispositions antérieures n'avaient rien d'excessif.

I

COUP D'ŒIL D'ENSEMBLE

Si on jette les yeux sur la carte des bassins pyrénéens, et, en particulier, du bassin de la Garonne, on est frappé tout d'abord de la minime étendue des régions montagneuses proprement dites par rapport à la superficie de l'ensemble des collines et coteaux qui vont s'abaissant progressivement vers les thalwegs des vallées inférieures. Pour en donner une idée générale, il suffira de noter que plus des 92 % de ces bassins cotent des altitudes inférieures à 1.000 mètres.

Si, d'autre part, on remarque que la hauteur des pluies, dans la haute zone, atteint à peine 1,5 de celle qui tombe dans la zone inférieure, on se convaincra aisément que si la montagne joue un rôle important dans les grandes inondations, celui de la région des collines et coteaux l'est encore davantage. Il ne se produit pas assurément dans cette deuxième zone, des cataclysmes comparables à ceux qui désolent trop souvent la première, et ainsi s'explique que l'opinion publique s'hypnotise en quelque sorte sur cette dernière. Mais l'observation attentive des cours d'eau de la région des collines et coteaux, la soudaineté des crues, leur hauteur, la nature du charriage qui y fonctionne permettent d'affirmer que, des apports que les fleuves entraînent aujourd'hui vers leur embouchure, la plus grosse part ne vient pas des montagnes.

Ceci n'a d'ailleurs rien de surprenant.

L'intensité des pluies est assurément moins grande dans la plupart des zones sous-montagneuses ; mais l'action éolienne leur communique une violence singulière. Les cultures occupent dans cette région une place incomparablement plus grande que dans l'autre ; le relief du sol est moins accidenté, mais on y rencontre aussi des versants fort abrupts ; en sorte que, tout compte fait, on y retrouve les mêmes phénomènes d'érosion, de glissement, sur des espaces, chacun beaucoup plus restreints, mais infiniment plus nombreux.

Si cette zone a des titres moins retentissants que la première à l'attention publique, à certains points de vue, l'action torrentielle et la production de la houille blanche, par exemple, elle en a tout autant au point de vue du régime général des cours d'eau, de l'ensablement des ports et des inondations. Elle mérite d'être associée à la première dans les préoccupations des pouvoirs publics et de devenir elle aussi l'objet de mesures spéciales qui suppléeront à une application plus large de la législation actuelle, en attendant que le temps et la pénétration, jusqu'au fond des montagnes, des industries nouvelles, aient adouci les mœurs des pasteurs.

Pour le moment, les mesures à préconiser sans réserve sont de trois ordres. Il s'agit, d'abord, de protéger les bois existants et d'en assurer la conservation intégrale. Il convient, en second lieu, de provoquer leur extension par des mesures appropriées à la situation actuelle. Nous recherchons, enfin, un moyen sûr et pratique de restaurer les vacants, dégradés par les abus, déjà signalés, de la jouissance collective.

II

CONSERVATION DES BOIS EXISTANTS

§ 1. — Soumission au régime forestier des bois communaux non soumis.

Il se rencontre, nous l'avons vu, dans les six départements de la région pyrénéenne environ 48.000 hectares de bois communaux non soumis au régime forestier qui sont livrés sans contrôle à la jouissance des populations riveraines. Sur les seuls territoires de deux cantons de la Haute-Ariège on en compte près de 4.000 hectares, qui sont journellement ravagés, sans profit pour personne, et présentent l'aspect le plus lamentable.

Que d'efforts et de dépenses à mettre en œuvre pour constituer, par voie de reboisements artificiels, des massifs de superficie équivalente, alors qu'il suffirait, pour reconstituer ceux-ci, de convertir en obligation *générale et absolue* la soumission au régime forestier de *tous les bois communaux* susceptibles ou non d'exploitation régulière. Ceux-ci n'en ont-ils pas besoin plus encore que les premiers. Indépendamment de ses effets de reconstitution immédiate, cette mesure présenterait encore l'avantage, et il n'est point négligeable, de mettre sur le même pied toutes les communes d'une même région et, sur un même territoire communal, tous les bois possédés au même titre.

L'importance essentielle de cette soumission intégrale n'a pas échappé à M. Fernand David, qui l'a inscrite en tête de la proposition de loi déposée à la Chambre des députés, le 15 mars 1907.

On se plaît à représenter les montagnards en général et, plus particulièrement les montagnards pyrénéens, comme particulièrement hostiles au régime forestier. Qu'ils ne regrettent l'indépendance complète dont ils jouirent autrefois dans leurs vallées reculées, derrière des défilés à peu près inaccessibles, on ne saurait le nier. Mais ce qui les irrite surtout c'est l'incohérence administrative.

Pourquoi telle forêt est-elle soumise au régime forestier et telle autre ne l'est-elle pas?

Des bois communaux assez nombreux furent, vers 1850, distraits du régime forestier. Il n'en fallait pas davantage pour exaspérer les communes qui ne joui_rent pas de la même mesure, considérée généralement comme une faveur insigne, et les exciter contre une soumission qui paraît dès lors tout à fait arbitraire.

Les révisions de périmètres de reboisement lors qu'elles ont entraîné des distractions parti elles n'on guère été moins funestes.

Le paysan de la montagne est généralement doué d'une intelligence qui s'aiguise sans cesse aux difficultés qu'il rencontre à tous les pas sur sa route. Sa marche lente dans la montagne et les loisirs que lui laissent les longs hivers lui donnent le temps de beaucoup réfléchir. Son horizon étant d'ailleurs très borné, il rumine longuement les mêmes pensées ; toute mesure qui de près ou de loin ressemble à de l'arbitraire excite son animosité. Autant il se courbera sans récriminer devant une mesure générale qu'il considère comme inéluctable, autant il fera d'efforts pour s'y soustraire s'il aperçoit la fissure par laquelle d'autres y ont échappé.

Aussi la fermeté, sans reculade aucune, serait-elle la première condition d'une bonne administration, vis-à-vis de ces populations attentives à toute faiblesse et toujours disposées à réagir contre toute incohérence.

Le jour où une mesure législative soumettra au régime forestier tous les bois et broussailles communaux de la région montagneuse, ceux qui subissent déjà ce régime l'accepteront plus allégrement et les autres s'y soumettront sans protester, s'ils sont bien convaincus qu'aucune réclamation ne peut être admise.

Pour cela deux conditions suffisent : une formule précise et une mesure générale.

§ 2. — Contre le défrichement et la déforestation.

Entre les divers projets dont le Parlement est actuellement saisi il en est un qui, à la nature des mesures qu'il propose aussi bien qu'à la source d'où il émane, emprunte une importance toute particulière. C'est le projet de loi portant modification de l'article 159 et du titre XV du Code forestier sur les « *défrichements et exploitations des bois des particuliers* ».

Nous n'avons que peu de chose à dire de la clause additionnelle à l'article 221 assimilant au défrichement

« *l'exercice du* parcours après exploitation, recépage ou incendie ». C'est un complément nécessaire de la législation actuelle, déja préparé par la jurisprudence et depuis longtemps réclamé par le service forestier.

Il n'en est pas de même des dispositions nouvelles ajoutées sous la rubrique 7° à l'article 220 et au paragraphe 1ᵉʳ de l'article 223, formulées comme il suit :

Article 220. — L'opposition au défrichement ne peut être formée ou, selon le texte de la Commission, *doit toujours être formée* pour les bois dont la conservation est nécessaire :

7° *Au maintien des conditions économiques existantes.*

Article 223. — Les dispositions des quatre articles qui précèdent sont, *dans les forêts traitées autrement qu'en taillis simple*, applicables *aux coupes rases ou aux coupes qui, par leur étendue et l'importance de leurs produits dépassent* « *cinq fois la possibilité moyenne de la forêt suivant les usages de l'exploitation* » où « *1/10 du matériel sur pied existant dans la forêt* », d'après le texte de la Commission.

Jusqu'à ce jour l'opposition au défrichement n'avait été basée que sur des considérations d'ordre physique ou de défense nationale.

Que l'État pour obvier à des catastrophes réitérées, conséquences de phénomènes dont il n'est pas maître, apporte à l'exercice du droit de propriété toutes restrictions jugées nécessaires, rien de mieux. C'est

non seulement son droit mais encore son devoir. Tel
n'est pas le cas actuel.

S'inspirant d'une disette de bois d'œuvre en perspective plus ou moins réelle, cédant à l'agitation qui
s'est faite depuis quelque temps autour de quelques
réalisations de matériel forestier et à la préoccupa-
tion de maintenir à proximité de populations bûche-
ronnes un travail à peu près constant, le projet en
question laisse bien loin en arrière toutes les dispositions antérieures, voire même celles de l'ordonnance
de 1669 ou des règlements des anciennes maîtrises.

Que dans les temps reculés où chaque pays, chaque province, isolés des pays et provinces limitrophes
par le manque de voies de communication, avaient
à pourvoir à la subsistance de leurs occupants, on
ait réglementé la production de certaines denrées de
première nécessité pour éviter la pléthore ou conjurer la disette, ceci se conçoit. Le bois aussi est un
produit de première nécessité. Mais qu'on en arrive
aujourd'hui, au xx' siècle, par ce temps d'échanges
mondiaux, de transports électriques et de télégraphie
sans fil, à réglementer administrativement l'exploitation des forêts privées, c'est outrepasser la limite des
mesures préventives incombant à l'État dans l'intérêt
public.

Au point de vue du maintien de l'état boisé une
pareille conception repose sur un principe erroné.
Le plus souvent, en effet, la « coupe rase » ou la réa-

lisation dite « abusive » de tout ou partie des réserves d'une forêt ne compromettent en aucune façon sa régénération ou le maintien de l'état boisé. Il est même telle méthode d'exploitation régulière et des plus officielles qui comporte l'un ou l'autre de ces deux modes de réalisation du matériel contre lesquels on n'a jamais protesté.

Ces mesures nous semblent inspirées plus particulièrement par la propagation de bruits, sinon complètement erronés, tout au moins considérablement grossis. Les exagérations, qui ont soulevé l'opinion publique contre les coupes abusives, tombent peu à peu devant un examen sérieux des faits. La forêt de Marchenoir n'est pas ruinée ; la forêt d'Amboise pas davantage. On n'a pas détruit les forêts du Morvan et pour invoquer un témoignage que personne ne récusera il nous suffira de citer le passage suivant du discours lumineux de M. le Ministre de l'Agriculture prononcé, le 4 mars courant, devant le Sénat, en réponse aux interpellations Audiffred, Gaudin de Vilaine, Méline et Calvet.

« Je commence par dire qu'on a beaucoup exagéré
« les déboisements effectués en France ; non pas que
« je veuille critiquer la campagne qui est faite pour
« le reboisement, car je suis un partisan passionné
« de cette sorte d'opération, mais enfin il faut bien
« dire ce qui est. La vérité c'est que sur 6.500.000 hec-
« tares appartenant à des particuliers dans le massif

« forestier, les exploitations à outrance ont porté
« seulement sur 59.000 hectares. Et encore ces cou-
« pes abusives, ont-elles simplement appauvri les
« peuplements sans détruire l'état boisé » ; et plus
loin :

« La déforestation du Morvan n'existe donc pas,
« comme on l'a prétendu, du fait de la vente de la
« forêt Lebaudy. Permettez-moi de dire, le mot est
« un peu gros, mais il est exact, c'est de la mise en
« scène. »

Voilà la vérité. Après un si haut témoignage, comment justifier les mesures d'exception dont les iné-
vitables conséquences seront : la dépréciation vénale
de la propriété boisée par l'éloignement des acqué-
reurs en quête de placements sérieux et indépendants ; le découragement des propriétaires forestiers
qui pourraient être disposés à accumuler sur leur
domaine des réserves en vue de les réaliser dans une
circonstance déterminée. Et, d'ailleurs, comment
apprécier, même par à peu près, la possibilité d'une
forêt irrégulière et non aménagée ou le 1/10 du matériel sur pied, sans imposer au propriétaire ou à l'Administration des frais qui viendront encore aggraver
leurs charges.

Ne semble-t-il pas que le Gouvernement lui-même
hésite devant des mesures si graves ? En conférant
à l'Administration, dans les paragraphes 2 et 3 de
l'article 225 (nouveau), la faculté d'autoriser les cou-

pes interdites il en a singulièrement atténué la rigueur. Mais le propriétaire n'en reste pas moins soumis à des formalités toujours gênantes, à des appréciations discutables, et la tendance contemporaine est de s'affranchir autant que possible de la tutelle de l'Administration.

Mieux vaut renforcer autant qu'on le voudra les mesures de répression contre les défrichements illicites et trouver dans les *divers services publics* le personnel de surveillance nécessaire.

Limitons autant que possible les lois d'exception.

Des procédés plus modernes ne manqueront d'ailleurs pas pour intéresser le propriétaire à la conservation de sa forêt, pour l'encourager à l'améliorer, surtout en un temps où la rareté de la main-d'œuvre lui rend les autres cultures tous les jours plus difficiles :

Réduction d'impôts, parfois exorbitants ; subventions pour repeuplements et travaux de défense ainsi que le proposent MM. Fernand David et Baudin, en faveur des forêts protectrices ou d'utilité publique, dans les propositions de loi déposées à la Chambre des députés au cours de la session de 1908 (1), et d'autres que nous aurons l'occasion de proposer plus loin.

1. *Journal Officiel*. Annexe au procès-verbal de la séance de la Chambre des députés du 11 juillet 1908 (n° 1351).

§ 3. — Association à l'œuvre de la restauration forestière de diverses sociétés d'intérêt public.

Dans l'ordre des mesures conservatoires soumises au Parlement on ne saurait passer sous silence la proposition de loi tendant à favoriser « le reboisement et la conservation des forêts privées » adoptée par la Chambre des députés le 12 mars 1909 sur le rapport de M. Vigouroux.

Saurait-on mieux assurer la conservation de cette catégorie de domaines qu'en favorisant leur passage aux mains d'associations reconnues d'utilité publique, Sociétés de Secours Mutuels ou Caisses d'Épargne, obligées par leurs statuts d'assurer la pérennité des œuvres qu'elles entreprennent, et donnant à ces divers groupements la faculté de soumettre leurs domaines boisés ou à boiser au régime forestier.

L'extension de la même faculté aux particuliers doit également être louée sans réserve. La gestion des forêts privées est le plus souvent difficile à cause du maraudage et toujours onéreuse. Les frais seront considérablement réduits si le domaine est d'étendue limitée et à proximité des forêts gérées déjà par l'Administration. Il est à souhaiter que le Sénat sanctionne au plus tôt cette mesure.

Il y sera encouragé par le rapport très remarquable qu'en a présenté M. Audiffred (1). Cette étude est vaste et très documentée. Les Pyrénéens cependant lui feront un reproche : celui d'avoir condamné par trop sommairement tout un système de travaux qui dans leur région et même ailleurs a donné d'indiscutables résultats et permis de reboiser des terrains qui semblaient voués à la ruine définitive.

Les assertions de M. Audiffred à cet égard n'ont pas échappé d'ailleurs à l'esprit avisé de M. le Ministre de l'Agriculture, qui, dans son discours déjà cité, les a très justement relevées en ces termes :

« Je vous avoue qu'hier j'ai été un peu surpris
« lorsque, dans le discours si intéressant et si com-
« plet de M. Audiffred, j'ai découvert la répugnance
« qu'il éprouve pour les travaux d'art à accomplir en
« même temps que le reboisement, dans la défense
« contre les inondations. Le reboisement seul est en
« effet insuffisant pour assurer aux terrains inférieurs
« la sécurité que la loi de 1882 a voulu leur accor-
« der. Il est indispensable de procéder, avant toute
« opération de reboisement, à des travaux de conso-
« lidation et de correction destinés à donner au sol
« la stabilité sans laquelle la végétation forestière ne
« peut s'implanter ni prospérer. Dans bien des ré-
« gions, il faut associer la science de l'ingénieur à
« l'art du forestier. »

1. *Journal Officiel.* Annexe au procès-verbal de la séance du Sénat du 8 juillet 1909.

Si des fautes ont été commises, quelques travaux mal conçus ou mal exécutés, ce n'est point une raison pour incriminer un système. Beaucoup de forestiers sont prévenus contre les travaux d'art, peut-être parce que la plupart ne s'y sont pas exercés. Quelques-uns de ces derniers se trouvaient sans doute parmi les interlocuteurs dont l'honorable sénateur, si dévoué d'ailleurs à l'œuvre du reboisement, a invoqué le témoignage.

Mais tous seront d'avis que, si le projet rapporté par M. le sénateur Audiffred est admis dans la pratique, il est de nature à rendre un service éminent à la cause qu'il défend.

III

REBOISEMENTS FACULTATIFS

Des 670.000 hectares de terres vagues que les statistiques attribuent à la région qui nous occupe, la plus grande partie appartient à la zone montagneuse et est soumise à la jouissance collective des habitants. C'est ce qu'on appelle les « montagnes pastorales ». Elles feront l'objet de mesures spéciales que nous exposerons à l'article suivant.

Le reste est disséminé dans les collines et coteaux que nous avons signalés tout le long de la chaîne principale. Certains de ces tènements ont passé directement de l'état boisé à l'état de pâtures ; d'autres ont été cultivés puis délaissés. On en délaissera bon nombre d'autres si la crise de la main-d'œuvre agricole s'accentue et rien ne permet d'espérer qu'il en soit autrement.

La plupart des terrains de cette dernière catégorie peuvent être reboisés. Les dispositions des propriétaires qui les possèdent ne ressemblent en rien à celles des groupements pastoraux des hautes régions Ils se prêteront à cette œuvre, s'ils y sont suffisamment encouragés, et cette œuvre, nous l'avons montré, est d'utilité publique, moins caractérisée peut-être que le reboisement en haute montagne, mais tout de même, extrêmement intéressante. Il appartient à l'État d'y intervenir.

C'est, en somme, l'œuvre des reboisements facultatifs à reprendre à pied d'œuvre et non plus cette fois en se limitant, comme l'a fait l'article 5 de la loi de 1882, à la région montagneuse, mais en l'étendant au contraire à toute la superficie des bassins pyrénéens.

Beaucoup d'initiatives sont écloses depuis quelques années qui ont pour objet l'extension du reboisement en France. Il en est de très sérieuses. Quel que soit le but qu'elles poursuivent, régularisation du régime des cours d'eau, production de bois d'œuvre ou simple esthétique, le premier devoir de l'État est de les encourager. Il va sans dire qu'il y apportera tout le discernement nécessaire ; car si la plupart des associations de cette sorte sont on ne peut plus sérieuses, il pourrait s'en rencontrer qui, tout en témoignant du même zèle, risqueraient, par impéritie ou pour toute autre cause, de compromettre l'œuvre qu'elles prétendent servir.

Il n'y a pas à se dissimuler, d'ailleurs, que, sous le poids des charges croissantes qui les assaillent de tous côtés, les propriétaires fonciers, communes ou particuliers, en général, sont peu enclins à engager des capitaux dont la récupération ne viendra qu'à longue échéance.

En revanche diverses circonstances se présentent dans des conditions beaucoup plus favorables qu'en 1860. L'opinion est mieux préparée ; la situation de l'agriculture régionale plus critique au point de vue main-d'œuvre ; la demande de bois d'industrie plus active ; les prix plus rémunérateurs ; toutes considérations de nature à pousser au reboisement pour peu que l'État les seconde et il doit les seconder par tous les moyens.

§ 1. — Exemption d'impôts.

Le premier qui s'offre à l'esprit est l'exemption d'impôts. Cette idée n'est pas nouvelle. La loi du 3 frimaire an VII et celle du 21 mai 1827, entre autres, accordaient aux terrains qui seraient plantés ou semés en bois certaines immunités.

Voici d'ailleurs, présenté sommairement, l'état de la législation actuelle :

1° Pendant trente ans, exemption totale d'impôts en faveur de tous terrains reboisés en montagnes, dunes, landes, ou en exécution de la loi du 4 avril 1882 ; 2° Maintien, pendant trente ans, de la cotisation afférente aux terres en friche depuis dix ans qui seront converties en bois (loi du 3 frimaire an VIII, article 113) ; Réduction au quart du revenu imposable, pendant trente ans, au profit des boisements opérés sur tout terrain défriché, quelle que fût la culture avant le défrichement (loi de finances du 29 mars 1897, article 3).

Ces dispositions doivent être élargies et il serait à désirer que l'exemption n° 1, actuellement limitée aux semis et plantations de bois « sur le sommet ou le penchant des montagnes », soit étendue sans restriction à tous reboisements exécutés sur terrains en pente, quelles que soient la région et la nature culturale antérieure des sols complantés.

Il va de soi que, en cas de modification dans l'assiette de l'impôt, les tènements reboisés devraient jouir d'exemptions équivalentes.

§ 2. — Subventions

Le deuxième moyen à préconiser pour favoriser
l'extension du reboisement consiste dans l'allocation de larges subventions non seulement aux travaux localisés « dans les pays de montagnes »,
comme il est stipulé à l'article 5 de la loi du 4 avril
1882, mais pour tous semis ou plantations exécutés
sur terrains en pente quelle que soit la région.

La commune ou le particulier qui exécutent des
travaux de cette sorte s'associent et participent à
l'œuvre d'intérêt général dont, très justement, l'État
a assumé toute l'exécution dans certains cas spéciaux.
En les secondant il atténuera ses propres charges.

Ces travaux, appelés à marcher de front avec les
travaux obligatoires à exécuter par l'État, devront être
l'objet d'allocations spéciales aux budgets annuels.

§ 3. — Primes et concours.

Une troisième manière de pousser communes et
particuliers aux reboisements facultatifs consiste dans
l'allocation de primes.

Dans l'intérêt de l'agriculture, l'État engage chaque
année des sommes importantes pour l'organisation
de concours de plusieurs sortes et distribue des ré-

compenses de diverses catégories aux domaines qui peuvent être proposés comme modèles dans chaque région : Primes d'honneur, prix culturaux, primes aux animaux, etc... Il subventionne certaines sociétés d'agriculture ; il a incité les agriculteurs aux meilleures méthodes par la création de chaires d'agriculture ; il les seconde jusque dans la mise en pratique de ces enseignements par l'institution récente d'ingénieurs des améliorations agricoles.

Pourquoi, si la restauration forestière et pastorale est aussi intéressante qu'on le dit, pourquoi ne pas procéder de même à son égard. Le personnel existe : il suffit de l'orienter dans cette voie et de lui fournir les moyens d'organiser, de même, des concours de reboisement par régions, par catégories de propriétaires, et aussi des concours de sylviculture puisque la nature et la consistance du boisement sont aussi importantes que son extension, aux divers points de vue de l'intérêt public.

IV

AMÉLIORATIONS PASTORALES

« Le reboisement se lie très intimement à une autre
« opération indiquée par notre collègue (M. Audif-
« fred) et sur laquelle je prends la liberté d'insister
« plus que lui parce qu'elle me paraît la condition pre-

« mière du reboisement et son complément naturel.

« Je veux parler du gazonnement et de la recons-
« titution des pâturages. »

Ainsi s'exprimait devant le Sénat M. le sénateur
Méline (1), ancien ministre de l'Agriculture et prési-
dent du Conseil. Ainsi se lie intimement à l'œuvre du
reboisement, comme nous l'avons déjà indiqué dans
le deuxième chapitre de la troisième partie, la question des améliorations pastorales.

M. Méline continue ainsi : « Pour avoir raison de
« cette résistance (résistance des communes), il faut
« convaincre les communes elles-mêmes car on ne
« les réduira pas par des moyens administratifs. Il
« faut leur faire comprendre qu'elles ont intérêt à
« reboiser.

« Depuis longtemps, messieurs, j'ai préconisé une
« sorte de marché très facile, qui consisterait à dire
« aux communes : Vous avez des terrains commu-
« naux en grande partie improductifs, faute d'en-
« tretien, faute de surveillance ; eh bien, nous vous
« proposons de les diviser en deux parts. La pre-
« mière, la partie inculte, nous vous demandons de
« la reboiser — ce sont les crêtes, les mamelons, les
« pentes abruptes — et nous ferons l'opération à votre
« compte. La seconde, nous la transformerons en
« bons pâturages. Au lieu de ces landes desséchées,

1. Voir *Journal officiel* du 4 mars 1910.

« et stériles qui ne donnent qu'une alimentation
« insuffisante pour votre bétail, nous constituerons
« de véritables prairies, et sur la partie que nous vous
« laissons, nous vous assurerons une production
« supérieure à ce que vous donnait tout l'ensemble
« de vos terrains communaux. Il m'apparaît, mes-
« sieurs, que si l'on tenait ce langage aux communes
« et surtout si on leur offrait de prendre l'opération
« au compte de l'État, il n'est pas une d'elles, qui
« résisterait à pareille sollicitation, à une condition
« cependant, c'est que l'État aille plus loin encore.

« Il ne suffit pas d'offrir aux communes des com-
« binaisons de reboisement, il faut leur donner les
« moyens de l'accomplir et pour cela mettre d'abord
« à leur disposition des agents de l'Administration ;
« car, en dehors des très grandes municipalités,
« elles ne seraient pas capables, à elles seules, de
« constituer le personnel nécessaire pour une sem-
« blable opération. Il faut aussi leur faire des avan-
« ces d'argent, avances qui, en matière de reboise-
« ment, seront facilement récupérées pendant la
« période productive de la forêt. Il faut enfin leur don-
« ner des subventions pour les encourager. J'estime
« que si l'on procédait de cette façon, on arriverait
« très aisément au résultat que désire l'honorable
« M. Audiffred, c'est-à-dire à décider les communes
« à s'engager à fond dans la voie des reboisements ;
« mais, comme vous le voyez, la reconstitution des

« pâturages est la condition première essentielle de
« l'opération. »

Tel était également l'objet des préoccupations du
législateur de 1864. L'exposé des motifs du Conseiller d'État, rapporteur, est à rapprocher du discours qui précède :

« Dans cette situation, le Gouvernement a com-
« pris qu'il fallait intervenir, qu'il était urgent d'éclai-
« rer les populations, de les rassurer et surtout de
« satisfaire à leurs besoins réels et à leurs vœux lé-
« gitimes *en cherchant les moyens de compenser la di-*
« *minution de leurs jouissances sous le rapport de*
« *l'étendue des parcours, par l'amélioration de ces*
« *mêmes jouissances au point de vue de la richesse*
« *des pâturages.* »

Éclairer les populations, les rassurer en leur mon-
trant les compensations réalisables, c'est l'œuvre
que l'administration des Eaux et Forêts n'a cessé de
poursuivre sous forme de « leçons de choses » dans
les Pyrénées Centrales depuis 1875.

Son personnel elle l'a mis à la disposition des pasteurs avec son concours pécuniaire et celui des Conseils généraux.

Leur intérêt, on le leur a fait toucher du doigt.
Nous avons traduit par des chiffres l'insuccès complet de ces tentatives.

Il semble, d'ailleurs, que, plus avisé des mœurs
pyrénéennes qu'il connaissait mieux, le rapporteur

de la loi de 1882 ait entrevu ce résultat. Il préconisait lui aussi l'intervention de l'État, comme moyen d'initier les montagnards à la réglementation des pâturages, mais il prévoyait l'inefficacité de ces libéralités. Dans son rapport du 22 décembre 1874, M. Alicot s'exprimait ainsi :

« La majorité des membres de la Commission est
« pénétrée de cette pensée qu'une loi protectrice des
« montagnes devrait, pour être complète, prévenir
« par des dispositions spéciales les abus toujours
« croissants de la dépaissance et poursuivre avec
« persévérance la régénération des pâturages com-
« munaux épuisés par une jouissance excessive.

« Elle a compris que le Gouvernement se soit
« borné aujourd'hui à vous proposer l'emploi des
« moyens coercitifs pour les travaux de restauration
« présentant un caractère d'urgence et de nécessité
« publique. Déjà la réglementation du pâturage a été
« tentée sur quelques points de la France ; plusieurs
« Conseils généraux l'ont réclamée. Cette salutaire
« réforme pourra se propager davantage sous l'in-
« fluence des encouragements qui seront donnés par
« l'État aux populations, des exemples qui leur sont
« offerts, du progrès agricole qui se répand à la
« longue et triomphe tôt ou tard de la routine et du
« préjugé. Le moment viendra enfin ou l'opinion
« publique, éclairée par des résultats partiels mais
« probants, *réclamera, au nom de l'intérêt du pays,*

« *au nom de l'intérêt des populations pastorales elles-*
« *mêmes, l'application générale du principe fécond*
« *de la réglementation qui en est la conséquence.* »

Ce moment est venu. Trente-cinq années de tentatives ininterrompues, accompagnées de larges subventions et sans restriction aucune au point de vue de l'extension des boisements existants ; c'est certainement plus de longanimité que ne le prévoyait M. Alicot. Que faire donc pour assurer la régénération dont l'éminent rapporteur de la loi de 1882 proclamait la nécessité « dans l'intérêt du pays et des populations pastorales elles-mêmes ».

Le régime forestier a non seulement maintenu mais restauré les forêts domaniales et communales qui lui ont été confiées à l'aurore du siècle dernier.
« *Un régime pastoral*, basé sur les mêmes principes,
« appliqué à toutes terres incultes communales,
« exploitées en jouissance collective, restaurera de
« même les dépaissances, au grand profit des pas-
« teurs, d'abord, des vallées inférieures par surcroît.

« ... L'aménagement, et qui dit aménagement dit
« réglementation rationnelle, sera la base du régime
« nouveau.

« Si les résultats matériels de l'application de la
« loi de 1882 sont extrêmement localisés, ses consé-
« quences morales ne sont pas sans portée. Il s'est
« établi progressivement entre les municipalités et
« le service forestier des contacts qui n'existaient

« pas autrefois. Au lieu de demeurer embusqués de
« part et d'autre du périmètre de la forêt, ils ont étu-
« dié ensemble bien des questions. Ainsi s'est pré-
« paré, à petit bruit, l'avènement du régime pastoral
« obligatoire, complément nécessaire de la loi de
« 1882 (1). »

C'était d'ailleurs la pensée du « groupe de prati-
ciens, de forestiers, de pasteurs, d'hommes de montagne », dont M. le sénateur Calvet (2) a entretenu le
Sénat lorsqu'il a rappelé le vœu du Congrès d'industrie pastorale réuni à Toulouse en 1906. « Dans la
« section culturale, le Congrès émet le vœu qu'un
« régime d'ensemble, dit sylvo-pastoral, soit appliqué
« aux régions des montagnes tant pour les bois et
« pâturages que pour les cours d'eau, propriétés de
« l'État, des communes et des collectivités...

En résumé :

Pour assurer la conservation des forêts existantes :

Soumettre au régime forestier les bois communaux
non soumis ; corroborer la loi contre les défrichements par une précision déjà votée par la Chambre
des députés, sans recourir à d'autres mesures d'exception qui pourraient discréditer la propriété forestière ;

1. E. Loze. *Bois et Vacants* (communication déjà citée).

2. Discours de M. le sénateur Calvet, séance du 4 mars 1909. *Journal officiel* du 5 mars 1909.

renforcer au besoin le service de répression ; réduire les impôts dont les forêts sont grevées ; subventionner, à l'occasion, même chez les particuliers, les travaux de repeuplement jugés nécessaires ; enfin, associer à l'œuvre de restauration le plus possible de sociétés d'intérêt public.

Pour assurer au domaine forestier de la région l'extension qu'il comporte :

Poursuivre activement l'œuvre en souffrance des périmètres obligatoires actuels ; stimuler communes et particuliers par tous les moyens, tels que : exemption d'impôts, larges subventions, primes et concours pour reboisements sur tous terrains en pente ;

Compléter cette double entreprise de restauration et d'extension des boisements existants par l'institution d'un régime pastoral établi sur les mêmes bases que le régime forestier ;

Telles sont les mesures qui paraissent découler de notre étude.

Pour les mener à bonne fin trois choses paraissent indispensables, que M. de Gorsse, ancien Conservateur des Eaux et Forêts à Pau, résumait ainsi, dans l'appel qu'il adressait à la fin d'une communication des plus documentées, aux membres du Congrès de la Garonne navigable réuni à Toulouse en 1903 (1) :

1. E. de Gorsse. Reboisement du bassin supérieur de la Garonne. *Revue des Eaux et Forêts*, décembre 1904.

« *La foi* qui vous animera tous si nous avons eu
« le don de vous la communiquer ;

« *L'énergie*, c'est-à-dire la volonté ferme de pour-
« suivre l'entreprise à travers tous les obstacles de
« la route et en brisant, s'il est nécessaire, toutes
« les résistances qu'elle pourrait rencontrer sur son
« chemin ;

« *Et les ressources*, qui ne feront pas défaut pour
« son exécution, si vous parvenez à entraîner vos
« parlementaires dans le mouvement d'opinion qui
« sortira de la saine agitation de votre Congrès. »

BIBLIOGRAPHIE

ALICOT (M.). — Rapport à la Chambre des députés fait au nom de la Commission chargée d'examiner : 1° le projet de loi sur le reboisement et le gazonnement des montagnes; 2° la proposition de M. Chevandier relative au même objet.

ANGOT (A.). — Régime des pluies de l'Europe Occidentale (Annales du Bureau central météorologique, 1895).

AUDIFFRED. — Rapport fait au nom de la Commission sénatoriale chargée d'examiner la proposition de loi adoptée par la Chambre des députés tendant à favoriser le reboisement et la conservation des forêts privées. J. Off. et Annexe au P.-V. de la séance du 6 juillet 1909.

BECQUEREL. — Des forces physico-chimiques et de leur intervention dans la production des phénomènes naturels, 1875.

BOIXO (Paul de). — Étude sur la question du reboisement dans le sud-est pyrénéen (Toulouse, Impr. Saint-Cyprien, 1906).

— Les forêts et le reboisement dans les Pyrénées-Orientales (Paris, Rothschild, 1894).

— Notice sur les inondations de 1888 à 1891 et sur le déboisement du Roussillon (Perpignan, Latrobe, 1892).

BOUQUET DE LA GRYE. — Note remise au Congrès du sud-ouest navigable, 1902.

BOURDETTE. — Mémoire du pays et des États de Bigorre, par Louis de Froidour. Paris, Champion, 1892.

BROILLIARD. — Les Eaux et les Forêts. Revue des Eaux et Forêts, 1898.

CALAS. — Notice sur les travaux de restauration des terrains en montagne entrepris par l'administration forestière dans le bassin de la Tet. Latrobe, Perpignan, 1902.

CAMPAGNE (A.). — La vallée de Barèges et le reboisement. Pau, Imp. Garet, 1902.

CASTÉRAN (P. de). — Lettres écrites par M. de Froidour. Auch. G. Foix, 1899.

CHAMPION. — Les inondations en France.

CHEVANDIER DE VALDRÔME. — Rapport sur le projet de loi relatif au reboisement des montagnes (Loi de 1860).

— Rapport fait au nom de la Commission chargée d'examiner le projet de loi tendant à compléter la loi du 28 juillet 1860.

DAVID (F.). — Rapport fait au nom de la Commission de l'agriculture, chargée d'examiner : 1° le projet de loi portant modification de l'article 159 et du titre XV du Code forestier sur les défrichements et exploitations des bois des particuliers ; 2° la proposition de loi de M. F. David ayant pour but de mettre fin au déboisement du sol de la France ; 3° la proposition de loi de MM. Fernand David et Pierre Baudin ayant pour objet de modifier la législation forestière en vue de mettre obstacle au déboisement du sol de la France. Chambre des députés. Annexe au P.-V. de la séance du 11 juillet 1908.

DEMONTZEY. — Extinction des torrents en France par le reboisement. Paris, Imprimerie Nationale.

DRALET. — Description des Pyrénées. Paris, Arthur Bertrand, 1813.

DUREDAT. — Le procès des demoiselles. Recueil de l'Académie de Législation de Toulouse, pages 158 à 179.

Dubreuil. — Les forêts des Basses-Pyrénées. Pau, Garet, 1892.

Fabre (L.-A.).— La lutte pour et contre l'eau. Sa physionomie dans la Gascogne pyrénéenne. Bordeaux, Gounouilhou, 1902.

Gorsse (E. de). — Les forêts des Pyrénées. Paris, J. Rothschild, 1894.

— Les terrains et les paysages torrentiels (Pyrénées). Paris, Imprimerie Nationale, 1900.

— Le reboisement du bassin supérieur de la Garonne (Communication du Congrès du sud-ouest navigable, 1903).

— Encore un mot d'hydrologie forestière (Communication au Ve Congrès du sud-ouest navigable, 1907).

Guénot (S.). — Des effets du déboisement dans les Pyrénées. Bordeaux, Gounouilhou, 1896.

Guyot (Ch.). — Communication au Congrès du sud-ouest navigable, 1904.

Henry. — Sur le rôle de la forêt dans la circulation de l'eau à la surface des continents. Revue des Eaux et Forêts, 1901.

Imbeaux (E.). — La Durance. Crues. Inondations. Annales des Ponts et Chaussées, 1892.

Lafosse. — Sur le rôle des forêts au point de vue des services indirects. Nancy, 1903.

Lavenay (de). — Exposé des motifs du projet de loi relatif au reboisement des montagnes (Loi de 1860).

— Exposé des motifs du projet de loi tendant à compléter la loi du 28 juillet 1860.

Loze (E.). — Statistique forestière du département de la Haute-Garonne.

— Les bois des particuliers dans le département de la Haute-Garonne (Toulouse. Saint-Cyprien, 1894).

— De l'influence des sols boisés sur les climats. Toulouse. Saint-Cyprien, 1892.

Loze. — Du régime pastoral dans le bassin supérieur de la Garonne, *ibid.*, 1901.

— Bois et vacants. Communication encore inédite à l'A. F. A. S., février 1910.

Loze et Campardon. — Commission des améliorations forestière et agricoles. Vœu, février, 1897.

Marchand (E.) et Fabre (L.-A.). — Les érosions torrentielles et subaériennes sur le plateau des Hautes-Pyrénées (Imprimerie Nationale, Paris, 1900).

Mathey (A.). — Influence de la forêt sur le débit et la régularité des sources. Revue des Eaux et Forêts, 1898.

Maury (A.). — Les forêts de la Gaule et de l'ancienne France (Paris, Ladrange, 1868).

Pasquier. — Coutumes de Foix sous Gaston Phoébus avec le texte roman de 1837. 1905.

Puton et Guyot. — Code Forestier annoté.

Roquette-Buisson (de). — Le déboisement des Pyrénées. Tarbes, Croharé, 1908.

— Statistique de la propriété communale dans la zone montagneuse des Hautes-Pyrénées. Bordeaux, Imprimerie commerciale et industrielle, 1909.

Roulleau. — La coupe rase et la loi des cinq possibilités. Le Mans, Benderitter, 1909.

Rousseau. — Notice forestière sur le département de l'Aude. Gabelle-Bonnafous et Cⁱᵉ, Carcassonne, 1890.

Surell (A.). — Étude sur les torrents des Hautes-Alpes. Paris, Dunod, 1872.

Tassy (L.). — L'aménagement des forêts. Paris, Doui, 1887.

— L'état des forêts en France. *Ibid.*

Vaissette (Dom). — Histoire du Languedoc. Édition Privat, Toulouse.

Ont été consultés en outre les divers journaux quotidiens ou périodiques qui traitent journellement de cette question; parmi ces derniers :

1º Le Bois;
2º Bulletin de l'Office Forestier;
3º Bulletin de la Société des Agriculteurs de France;
4º La Revue des Eaux et Forêts;
5º Le Journal du Commerce des Bois;
6º La Revue Forestière de France;
7º La Revue Mensuelle du Touring-Club.

TABLE DES MATIÈRES

TROISIÈME PARTIE

Le reboisement.

QUATRIÈME PARTIE

Conclusions.